Alpenrezepte

Alpenrezepte

Inhalt

Einleitung

Einleitung

Die meisten Menschen verbinden mit den Alpen atemberaubende, schneebedeckte Gipfel, grüne, saftige Wiesen, auf denen glückliche Kühe grasen, sowie ein großes Angebot an Wanderwegen und Skipisten. Dabei hat die Alpenregion, die sich über 8 verschiedene Länder erstreckt, noch viel mehr zu bieten als „nur" Höhenmeter und eine wunderbare Landschaft. So spiegeln sich die Einflüsse auf der Landkarte, aus Frankreich, Monaco, Italien, der Schweiz, Liechtenstein, Deutschland, Österreich und Slowenien, auf vielfältige Art und Weise auch in den alpinen Speisekarten wider: Auf der einen Seite regiert echte, traditionelle Hausmannskost mit Tiroler Speck und Schüttelbrot, auf der andern Seite dominiert die mediterrane Küche mit Pasta und Risotto. Der Gipfel der kulinarischen Bergtour ist aber in jedem Fall – da sind sich die Alpenländler einig – eine köstliche Süßspeise.

Aufgrund der hohen Gebirgsketten, die nur wenige Verkehrswege zulassen, war eine gute Vorratsplanung und -haltung für die Alpenbewohner schon immer überlebenswichtig. Durch plötzliche Wetterumschwünge oder heftiges Schneetreiben konnten die Straßen zuwehen und die Menschen oft tagelang von der Zivilisation abgeschnitten sein. Die Bewohner mussten ihre Lebensmittel also aus der Not heraus konservieren, woraus die berühmten geräucherten und luftgetrock-

neten Würste, die Kaminwurzen, gepökeltes Fleisch und eingelegtes Gemüse, wie etwa Sauerkraut und eingelegte Rüben, entstanden sind. So wusste man also, aus der Not eine kulinarische Tugend zu machen.

Auch die typischen deftigen Alpengerichte, die jeder aus Ski- und Wanderurlauben kennt und zu schätzen weiß, werden heute noch traditionell zubereitet. Die zahlreichen Alm- und Jausehütten verwöhnen ihre aus der ganzen Welt anreisenden Gäste mit leckeren Schmankerln, die von der kleinen Brotmahlzeit bis zum deftigen Menü reichen. Kleine Zwischenmahlzeiten haben in der Alpenregion Tradition und viele Namen – in Österreich nennt man sie Jause, in Bayern spricht man von Brotzeit, die Marende gibt es in Südtirol und in der Schweiz morgens Znüni – sie bestehen, je nach Region, aus einem einfach belegten Brot oder etwas Ausgefallenerem wie gepökeltem Schweinefleisch oder Gurken mit Meerrettich.

Die Vielfalt der Einfluss nehmenden Regionen spiegelt sich auch in den zahlreichen Hauptspeisen wider, die das Alpengebiet zu bieten hat. Österreichische Strudelgerichte oder hausgemachte Ziegenkäsnocken zählen zu den Köstlichkeiten, die man in den zahlreichen Alpenwirtschaften serviert bekommt, und sogar mediterrane Lasagne mit Zander. Durch ihre besondere Lage ist die Alpen-

küche nämlich durchaus auch mit Fisch-reichtum gesegnet. Die Donau im Alpen-vorland weist zum Beispiel das größte Fischvorkommen aller mitteleuropäi-schen Flüsse auf und ihr Angebot reicht von Aal und Forelle über Hecht, Karpfen, Renke, Rotauge, Saibling, Zander bis hin zu Flusskrebsen. Dagegen werden lecke-re Mehlspeisen, Polenta, Knödel und Eierspeisen sofort in Verbindung mit dem Gebirge im Herzen Europas gebracht, denn sie sind in der Tradition der Alpen-küche fest verankert und dürfen folglich auf keiner Speisekarte fehlen.

Für die köstlichen Süßspeisen und Des-serts sind die Alpenländer ebenfalls be-rühmt. Hier sind natürlich vor allem die bekannten österreichischen Vertreter hervorzuheben, die nicht nur auf der Hütte traumhaft schmecken: Bevorzugen Sie Kaiserschmarrn oder lieber Powidl-datscherln mit Vanilleeis?

Kommen Sie mit auf eine kulinarische Reise durch die facettenreiche Alpenkü-che und genießen Sie das Urlaubsfeeling beim Nachkochen der Gerichte in der hei-mischen Küche.

Kulinarisches Lexikon

Einige Speisen haben ihre typischen und ursprünglichen Namen behalten. Hier die wichtigsten „Übersetzungen":

Backhendl	Brathuhn
Blunzen	Blutwurst
Bettljause	kalte Platte mit Speck, Wurst und Käse
Buchteln	Mehlspeise aus Hefeteig
Eierschwammerln	Pfifferlinge
Erdäpfel	Kartoffeln
Fisolen	grüne Bohnen
Frittaten	in Streifen geschnittenes Omelett, Pfannkuchen
Grammeln	Grieben
Graukäse	schärferer Sauermilchkäse mit sehr geringem Fettanteil
Gröstl	Bratkartoffeln mit Kalb- oder Rindfleisch
Jause	kleiner Imbiss zwischendurch, Brotmahlzeit
Kafiol	Blumenkohl
Kaiserschmarrn	Pfannkuchen mit Rosinen, wird gebacken und schon in der Pfanne zerrupft
Kapuzinerfleisch	Gericht aus Kalbsbraten und Kalbsnieren
Kastanienkoch	lauwarmes Dessert aus gekochten Kastanien
Kipferl	Hörnchen, oft auch halbmondförmig
Kipfler	kleine, längliche speckige Kartoffeln
Kren	Merrettich
Kukuruz	Mais
Marillen	Aprikosen
Marsala	italienischer Süßwein, nach der sizilianischen Hafenstadt benannt
Nockerln	kleine Klöße aus Mehl-, Grieß- oder Kartoffelteig
Pecorino	italienischer Käse, ursprünglich aus reiner Schafsmilch
Plenten	Polenta, Maisgrieß
Pörkölt	Gulasch
Powidl	Pflaumenmus
Schlipfkrapfen	gefüllte Teigtaschen mit Kartoffeln
Schöberl	Suppeneinlagen aus Biskuitteig
Schupfnudel	dicke Nudeln aus Kartoffelteig
Schüttelbrot	hartes, knuspriges Fladenbrot
Spatzln	Mehlspeise, Spätzle
Tirtln	Teigblätter, gebacken und gefüllt, meist mit Kraut
Topfen	Quark
Vogerlsalat	Feldsalat
Zeller	Sellerie
Zelten	Früchtebrot

Kleine Speisen

Steinpilze
auf Röstbrot

Für 4 Portionen

500 g frische Steinpilze
16 Scheiben Ciabatta
1/2 Bund Petersilie
1/2 Bund Schnittlauch
3 Knoblauchzehen
2 El Olivenöl
Salz
Pfeffer

Zubereitungszeit: ca. 20 Minuten
(plus Röst- und Schmorzeit)
Pro Portion ca. 113 kcal/474 kJ
6 g E, 5 g F, 9 g KH

1 Die Steinpilze putzen, waschen, trocken tupfen und in Scheiben schneiden. Die Ciabattascheiben im Backofen bei 180 °C (Umluft 160 °C) goldbraun rösten.

2 Die Petersilie und den Schnittlauch waschen, trocken schütteln und fein hacken. Die Knoblauchzehen schälen und ebenfalls fein hacken.

3 Das Olivenöl in einer Pfanne erhitzen und den Knoblauch darin unter Rühren anschwitzen. Die Steinpilzscheiben zugeben und etwa 10 Minuten mitschwitzen. 2 Minuten vor Ende der Garzeit die Kräuter unterheben. Die Pilze mit Salz und Pfeffer abschmecken.

4 Die Pilzscheiben auf die gerösteten Ciabattascheiben verteilen und heiß servieren.

Knödelsalat
mit Parmesan

Für 4 Portionen

5 Semmelknödel vom Vortag
2 El Butter
1 Radicchio
100 g Rucola
100 g Eichblattsalat
4 El Weißweinessig
4 El Olivenöl
2 El Kresseblättchen
Salz
Pfeffer
Parmesan zum Garnieren

Zubereitungszeit: ca. 20 Minuten
(plus Bratzeit)
Pro Portion ca. 522 kcal/2192 kJ
17 g E, 26 g F, 53 g KH

1 Die Semmelknödel in gleichmäßige Scheiben von 1 cm Dicke schneiden. Die Butter in einer Pfanne erhitzen und die Knödelscheiben darin von beiden Seiten goldbraun braten.

2 Die Blätter vom Radicchio zupfen, alle Salatblätter waschen und trocken schütteln. Auf Tellern anrichten. Aus Essig, Öl, Kresse, Salz und Pfeffer eine Vinaigrette bereiten und über den Salat geben.

3 Die Knödelscheiben auf den Salat legen und Parmesan darüberhobeln.

Zucchiniblüten
mit Ricotta

Für 4 Portionen

4 Zucchiniblüten mit Frucht
20 g Rosinen
150 g Ricotta
2 El frisch gehacktes Basilikum
2 El frisch gehackter Kerbel
Salz
Pfeffer
2 Tomaten
2 El grüne Oliven ohne Kern
2 El Olivenöl
abgeriebene Schale von 1 unbehandelten Zitrone
1 Tl Aceto balsamico

Zubereitungszeit: ca. 30 Minuten (plus Garzeit)
Pro Portion ca. 152 kcal/638 kJ
6 g E, 11 g F, 6 g KH

1 Die Zucchiniblüten waschen und trocken schütteln, ohne die Blüte zu beschädigen. Die Blüte vorsichtig öffnen und den Stempel entfernen. Die Rosinen heiß abspülen und mit dem Ricotta und den Kräutern mischen. Mit Salz und Pfeffer würzen.

2 Die Masse in einen Spritzbeutel füllen und in die Zucchiniblüten spritzen. Die Zucchinis waschen, längs mehrmals einschneiden und mit den Blüten im Dämpftopf etwa 8 Minuten garen.

3 Die Tomaten heiß überbrühen, von Haut, Stielansatz und Kernen befreien und in Achtel schneiden. Die Oliven in Scheiben schneiden und mit den Tomaten mischen. Die restlichen Zutaten verrühren, würzen und als Dressing darübergeben.

4 Die gegarten Zucchiniblüten in der Länge halbieren und mit dem Tomaten-Oliven-Salat und den Zucchinis auf Teller geben.

Sommersalat
mit Schinken und Melone

Für 4 Portionen

150 g Zuckerschoten

1 El Butter

1 Friséesalat

1/2 Eisbergsalat

1 Honigmelone mit festem Fleisch

8 Kirschtomaten

8 Scheiben dünn geschnittener roher Schweineschinken

2 El Sonnenblumenkerne

2 El Sherryessig

3 El Olivenöl

Salz

Pfeffer

Zubereitungszeit: ca. 30 Minuten (plus Dünst- und Röstzeit)
Pro Portion ca. 157 kcal/659 kJ
8 g E, 10 g F, 8 g KH

1 Die Zuckerschoten putzen, entfädeln, waschen, abtropfen lassen und in der heißen Butter unter Rühren etwa 10 Minuten dünsten. Abkühlen lassen.

2 Die Salate waschen, trocken schütteln und die Blätter in Stücke zupfen. Die Honigmelone schälen, mit der Schneidemaschine in hauchdünne Scheiben schneiden und auf Teller verteilen. Die Kirschtomaten waschen, trocken tupfen und halbieren.

3 Die Salatblätter auf den Melonenscheiben anrichten und mit Tomaten und Zuckerschoten belegen. Die Schinkenscheiben zusammenrollen und dazwischenstecken. Die Sonneblumenkerne in einer Pfanne ohne Fett rösten.

4 Aus Essig, Öl, Pfeffer und Salz ein Dressing bereiten und über den Salat geben. Die Sonnenblumenkerne darüberstreuen.

Buntes Gemüse
aus dem Ofen

Für 4 Portionen

200 g rote Paprikaschoten
200 g Karotten
200 g Auberginen
200 g Zucchini
Salz
200 g Fenchel
10 El Olivenöl
je 1 Tl getrockneter Thymian, Oregano und Rosmarin
5 El Aceto balsamico

Zubereitungszeit: ca. 30 Minuten (plus Backzeit)
Pro Portion ca. 76 kcal/319 kJ
3 g E, 3 g F, 7 g KH

1 Den Backofen auf 250 °C (Umluft 230 °C) vorheizen. Das Gemüse putzen, waschen, die Paprika entkernen und die Karotten schälen. Die Auberginen in Scheiben schneiden, mit Salz bestreuen und beiseitestellen, bis Saft austritt. Dann waschen und trocken tupfen.

2 Die Paprikaschoten in 3 cm große Stücke schneiden. Die Karotten und die Zucchini in 1 cm dicke Scheiben schneiden, den Fenchel in Streifen schneiden.

3 Ein Backblech mit 3 El Öl einpinseln und das Gemüse darauflegen. Mit den Kräutern bestreuen, das restliche Olivenöl darüberträufeln und salzen. Das Gemüse im Ofen etwa 30 Minuten garen. Mehrmals wenden. Aus dem Ofen nehmen und etwas abkühlen lassen.

4 Das Gemüse auf eine Platte legen und mit dem Aceto balsamico beträufeln. Lauwarm mit frischem Ciabattabrot servieren.

Brixener Zwiebelkuchen

Für 4 bis 6 Portionen

500 g Weizenmehl
20 g Hefe
1 Prise Zucker
Salz
2 El Butterschmalz
3 Gemüsezwiebeln
3 El Butter
Pfeffer
1/2 Tl gemahlener Kümmel
75 g Bauchspeck
2 Eier
200 g saure Sahne
1/4 Tl edelsüßes
Paprikapulver
Mehl für die Arbeitsfläche
Fett für die Springform

Zubereitungszeit: ca. 30 Minuten
(plus Zeit zum Gehen, Dünst- und
Backzeit)
Pro Portion ca. 510 kcal/2142 kJ
13 g E, 22 g F, 63 g KH

1 Das Mehl in eine Schüssel sieben und in die Mitte eine Vertiefung drücken. Die Hefe hineinbröckeln und den Zucker darüberstreuen. 300 ml lauwarmes Wasser zugießen und die Mischung 10 Minuten gehen lassen.

2 1 Prise Salz auf den Mehlrand streuen. Das Butterschmalz zum Teig geben und alles zunächst mit dem Knethaken des Handrührers, dann mit den Händen zu einem glatten Teig verkneten. Den Teig zu einer Kugel formen und mit Mehl bestäubt abgedeckt an einem warmen Ort etwa 50 Minuten gehen lassen.

3 Für den Belag die Zwiebeln schälen und in sehr dünne Ringe schneiden oder hobeln. Die Butter in einem Topf erhitzen und die Zwiebeln darin unter Rühren glasig dünsten. Mit Salz, Pfeffer und Kümmel würzen.

4 Den Backofen auf 200 °C (Umluft 180 °C) vorheizen. Den Teig in eine gefettete Springform (28 cm Durchmesser) legen und einen Rand hochdrücken. Die Zwiebelmasse darauf verteilen. Den Speck in feine Streifen schneiden und darübergeben. Die Eier mit der sauren Sahne verrühren, mit Paprika würzen und über den Zwiebelkuchen geben. Den Kuchen im Ofen etwa 35 Minuten backen.

Rindercarpaccio
mit Sprossen

Für 4 Portionen

400 g gebeiztes Rindfleisch
400 g Tiroler Bergkäse
100 g Radieschensprossen
150 g Rucola
3 El Olivenöl
2 El Aceto balsamico
Salz
Pfeffer
1 El frisch gehackte glatte
Petersilie

Zubereitungszeit: ca. 20 Minuten
(plus Zeit zum Gefrieren)
Pro Portion ca. 622 kcal/2612 kJ
48 g E, 47 g F, 1 g KH

1 Das Rindfleisch in sehr dünne Scheiben schneiden. Dazu das Fleisch vor dem Schneiden für 1 Stunde in den Gefrierschrank legen. Den Käse in feine Würfel schneiden. Die Sprossen und den Rucola waschen und trocken schütteln.

2 Die Rindfleischscheiben auf vier Teller legen. Den Rucola und die Sprossen darüber verteilen und mit den Käsewürfen belegen.

3 Das Olivenöl mit dem Essig verrühren, würzen, mit der Petersilie mischen und über das Carpaccio träufeln. Dazu frisches Südtiroler Bauernbrot reichen.

Bohnensuppe
mit Pasta

Für 4 Portionen

350 g Wachtelbohnen
100 g Bauchspeck
1 Bund Suppengemüse
2 rote Zwiebeln
2 Knoblauchzehen
1 Thymianzweig
3 Salbeiblättchen
1 El Olivenöl
200 g Penne
Salz
Pfeffer
2 El frisch gehackte
Petersilie

Zubereitungszeit: ca. 30 Minuten
(plus Einweich-, Dünst- und
Garzeit)
Pro Portion ca. 485 kcal/2037 kJ
13 g E, 26 g F, 47 g KH

1 Die Bohnen über Nacht in reichlich kaltem Wasser einweichen. Den Speck in kleine Würfel schneiden. Das Suppengemüse putzen, waschen, nach Bedarf schälen und klein schneiden. Die Zwiebeln und den Knoblauch schälen und fein hacken.

2 Die Kräuter waschen und trocken schütteln, die Thymianblättchen von den Stängeln zupfen und mit den Salbeiblättchen hacken.

3 Das Olivenöl in einem Topf erhitzen und den Speck darin anschwitzen. Die Zwiebeln und den Knoblauch hinzufügen und glasig schwitzen. Das Suppengemüse zugeben und für einige Minuten mitschwitzen.

4 Die Bohnen abgießen, abspülen und in den Topf geben. Die Kräuter und so viel Wasser zugeben, dass Bohnen und Gemüse bedeckt sind. Die Suppe aufkochen und etwa 1 Stunde köcheln. Inzwischen die Penne nach Packungsanweisung bissfest garen.

5 Die Suppe großteils pürieren und mit Salz und Pfeffer abschmecken. Die Nudeln unterheben und mit Petersilie bestreut servieren.

Leberknödelsuppe
vom Rind

Für 4 Portionen

3 Brötchen vom Vortag

60 ml Milch

1 Zwiebel

1 Knoblauchzehe

1 El Butter

100 g Rinderleber

50 g fetter Speck

1 Ei

je 1 Prise Muskat und Piment

1/2 Tl frisch gehackter Majoran

2 El frisch gehackte Petersilie

Salz

Pfeffer

750 ml Rinderbrühe

Zubereitungszeit: ca. 30 Minuten (plus Zeit zum Anschwitzen und Ziehen)
Pro Portion ca. 143 kcal/600 kJ
5 g E, 4 g F, 19 g KH

1 Die Brötchen würfeln und in der erwärmten Milch einweichen. Die Zwiebel und die Knoblauchzehe schälen und fein hacken.

2 Die Butter in einer Pfanne erhitzen und die Zwiebel mit dem Knoblauch darin glasig schwitzen.

3 Die Leber und den Speck durch den Fleischwolf drehen und mit dem Ei, den Gewürzen, dem Majoran und der Petersilie mischen. Die eingeweichten Brötchen zerdrücken und mit der Zwiebel und dem Knoblauch unter die Fleischmasse heben.

4 Die Lebermischung mit Salz und Pfeffer abschmecken und dann mit feuchten Händen Knödel formen. Die Brühe in einem Topf erhitzen und die Leberknödel darin etwa 20 Minuten ziehen lassen. Die Suppe heiß servieren.

Frittatensuppe
mit Schnittlauch

Für 4 Portionen

2 Eier

1 Eigelb

100 g Mehl

100 ml Mineralwasser

200 ml Milch

Salz

Pfeffer

2 El Butter

800 ml Fleischbrühe

frisch geriebene Muskatnuss

2 El frisch gehackter
Schnittlauch

Zubereitungszeit: ca. 20 Minuten
(plus Zeit zum Ruhen und Braten)
Pro Portion ca. 220 kcal/924 kJ
9 g E, 11 g F, 20 g KH

1 Die Eier und das Eigelb mit dem Mehl verrühren. Das Mineralwasser und die Milch hinzufügen und mit Salz und Pfeffer abschmecken. Aus den Zutaten einen glatten Teig rühren und 30 Minuten ruhen lassen.

2 Die Butter in einer Pfanne erhitzen und aus dem Teig nach und nach goldbraune Pfannkuchen braten. Aus der Pfanne nehmen und auf Küchenpapier abtropfen lassen. Die Pfannkuchen zusammenrollen und in Streifen schneiden.

3 Die Brühe in einem Topf erhitzen. Die Pfannkuchenstreifen auf Teller verteilen und mit der heißen Brühe übergießen. Mit Muskat abschmecken und mit Schnittlauchröllchen bestreuen.

Steinpilzcremesuppe
mit Croûtons

Für 4 Portionen

250 g frische Steinpilze
3 Schalotten
3 El Olivenöl
250 ml trockener Weißwein
250 ml Gemüsebrühe
Salz
Pfeffer
300 ml Sahne
je 1 El frisch gehackte
Petersilie und frisch gehackter Kerbel
4 El Croûtons

Zubereitungszeit: ca. 25 Minuten
(plus Kochzeit)
Pro Portion ca. 300 kcal/1260 kJ
4 g E, 24 g F, 5 g KH

1 Die Pilze putzen, die Stielenden abschneiden, die Köpfe waschen und trocken reiben. Dann in Scheiben schneiden. Die Schalotten schälen und fein hacken.

2 Das Olivenöl in einem Topf erhitzen, die Schalotten darin glasig schwitzen. Die Pilze hinzufügen und unter Rühren mitschwitzen. Den Weißwein angießen und etwa 10 Minuten köcheln. Die Gemüsebrühe und 250 ml Wasser zugeben und die Suppe etwa 30 Minuten köcheln.

3 Mit dem Pürierstab die Pilze nicht zu klein pürieren. Einige Pilzscheiben zum Garnieren beiseitelegen. Die Suppe mit Salz und Pfeffer abschmecken, die Sahne zugießen und kurz erhitzen. Mit den Pilzscheiben, Kräutern und Croûtons bestreut servieren.

Kräutercremesuppe
mit Grießnocken

Für 4 Portionen

250 ml Milch
60 g Butter
60 g Grieß
1 Ei
1 Eigelb
Salz
Pfeffer
1 Prise frisch geriebene
Muskatnuss
1 l Gemüsebrühe
1/2 Bund glatte Petersilie
1 Bund Kerbel
4 Sauerampferblätter
2 Zweige Pimpinelle
2 Zweige Zitronenmelisse
1/2 Kistchen Kresse
150 ml Sahne

Zubereitungszeit: ca. 30 Minuten
(plus Koch- und Garzeit)
Pro Portion ca. 375 kcal/1575 kJ
9 g E, 30 g F, 16 g KH

1 Die Milch in einem Topf aufkochen, die Butter darin schmelzen und den Grieß langsam einrieseln lassen. So lange rühren, bis der Grieß zu quellen beginnt und die Masse zäh wird. Den Grieß in eine Schüssel geben und das Ei und das Eigelb schnell unterrühren. Mit Salz, Pfeffer und Muskat würzen.

2 Die Gemüsebrühe in einem Topf zum Kochen bringen. Die Kräuter waschen, trocken schütteln, die Blätter von den Stielen zupfen und fein hacken. In die Brühe geben und 10 Minuten köcheln. Die Suppe pürieren und die Sahne unterrühren.

3 Mit einem Teelöffel kleine Grießnocken abstechen und in kochendem Salzwasser 5 Minuten ziehen lassen. Die Grießnocken in Teller geben und mit der Kräutercreme übergießen.

Aufstrich
mit Quark Liptauer Art

Für 4 Portionen

250 g Butter

250 g Quark

1 Zwiebel

8 Kapern aus dem Glas

1/2 Tl Sardellenpaste

1 Tl Senf

Salz

1/2 Tl edelsüßes
Paprikapulver

? El saure Sahne

1 El Bier

2 El frisch gehackte
gemischte Kräuter

Zubereitungszeit: ca. 15 Minuten
Pro Portion ca. 537 kcal/2255 kJ
10 g E, 53 g F, 5 g KH

1 Die Butter mit dem Quark in einer Schüssel schaumig schlagen. Die Zwiebel schälen und fein hacken. Die Kapern ebenfalls hacken.

2 Zwiebel, Kapern, Sardellenpaste und Senf mit der Butter-Quark-Mischung verrühren und mit Salz und Paprikapulver würzen.

3 Sahne und Bier zu der Mischung geben und glatt rühren. Die Kräuter untermischen.

Traisentaler
Fleischaufstrich

Für 4 Portionen

1 Brötchen

150 ml Milch

1 Ei

200 g Bratenreste

3 gekochte Kartoffeln

1 El Senf

1 El Kapern aus dem Glas

1 Zwiebel

50 g frisch geriebener
Emmentaler

Salz

Pfeffer

Paprikapulver

Petersilie zum Garnieren

Zubereitungszeit: ca. 20 Minuten
(plus Einweich- und Kochzeit)
Pro Portion ca. 350 kcal/1470 kJ
25 g E, 13 g F, 32 g KH

1 Das Brötchen in der erwärmten Milch 15 Minuten einweichen. Das Ei hart kochen. Die Bratenreste würfeln. Die Kartoffeln schälen und würfeln.

2 Das Brötchen ausdrücken und mit den Bratenresten und den Kartoffeln pürieren. Das Ei schälen und zerdrücken. Mit dem Senf verrühren. Die Kapern hacken. Die Zwiebel schälen und fein reiben.

3 Alle Zutaten mit dem Fleisch-Kartoffelpüree vermischen und mit Salz, Pfeffer und Paprikapulver abschmecken. Mit Petersilie garniert zu frischem Bauernbrot servieren.

Blunzenkipferln
mit Sauerkraut

Für 4 Portionen

2 Packungen TK-Hörnchenteig

2 Zwiebeln

50 g Sauerkraut

175 g Blutwurst

3 El Butterschmalz

1 Bund frisch gehackte
glatte Petersilie

Salz

Pfeffer

1/2 Tl gemahlener Kümmel

1 Ei

1 El Sahne

1 El geröstete
Sonnenblumenkerne

Zubereitungszeit: ca 25 Minuten
(plus Schmor- und Backzeit)
Pro Portion ca. 365 kcal/1533 kJ
12 g E, 28 g F, 16 g KH

1 Den Hörnchenteig auftauen lassen. Die Zwiebeln schälen und hacken. Das Sauerkraut klein hacken. Die Blutwurst von der Pelle befreien und fein würfeln. Den Backofen auf 200 °C (Umluft 180 °C) vorheizen.

2 Das Butterschmalz in einer Pfanne erhitzen und die Zwiebeln darin glasig dünsten. Nach 3 Minuten das Kraut zugeben und mitschmoren. Blutwurstwürfel und Petersilie unterrühren und einige Minuten mitschmoren. Mit Salz, Pfeffer und Kümmel würzen.

3 Den Hörnchenteig nach Packungsanweisung ausrollen und mit der Blutwurstmasse füllen. Dann zu Hörnchen rollen. Das Ei mit der Sahne verquirlen und die Hörnchen damit bestreichen. Mit den Sonnenblumenkernen bestreuen. Im Ofen ca. 15 Minuten backen.

Eierfisch
mit Wacholderbeeren

Für 4 Portionen

2 Zwiebeln
1 El Butterschmalz
1 l Apfelessig
1 Lorbeerblatt
je 1/2 Tl Pfefferkörner und
Wacholderbeeren
3 Pimentkörner
1 Tl Senfkörner
8 Eier
50 g Schmand
100 g Paniermehl, in Butter
geröstet

Zubereitungszeit: ca. 20 Minuten
(plus Schmor- und Kochzeit)
Pro Portion ca. 352 kcal/1478 kJ
18 g E, 20 g F, 22 g KH

1 Die Zwiebeln schälen und in dünne Ringe schneiden. Das Butterschmalz in einer Pfanne erhitzen und die Zwiebelringe darin glasig schmoren.

2 Den Essig mit der gleichen Menge Wasser in einem Topf aufkochen. Die Flüssigkeit zu den Zwiebeln geben und aufkochen. Dann das Lorbeerblatt und die Gewürzkörner hinzufügen und weiterkochen.

3 Die Eier nacheinander in einer Schüssel aufschlagen und in den kochenden Sud gleiten lassen. Darin ziehen lassen, bis das Eiweiß zu stocken beginnt. Die Eier mit einer Schaumkelle aus dem Sud nehmen und auf Tellern anrichten. Etwas Sud mit Zwiebeln dazugeben, Schmand und geröstetes Paniermehl darüber anrichten. Als Hauptgericht mit Bratkartoffeln servieren.

Eierschwammerl
in Rahm

Für 4 Portionen
500 g frische Pfifferlinge
1 Zwiebel
1 Knoblauchzehe
2 Frühlingszwiebeln
2 El Butter
Salz
Pfeffer
200 ml Sahne
2 El frisch gehackter
Schnittlauch

Zubereitungszeit: ca. 20 Minuten
(plus Schmorzeit)
Pro Portion ca. 210 kcal/882 kJ
3 g E, 19 g F, 4 g KH

1 Die Pilze putzen, waschen und trocken tupfen. Größere Pilze klein schneiden. Die Zwiebel und Knoblauchzehe schälen und hacken. Die Frühlingszwiebeln putzen, waschen und in dünne Ringe schneiden.

2 Die Butter in einer Pfanne erhitzen und die Zwiebel mit dem Knoblauch darin glasig dünsten. Die Frühlingszwiebeln und die Pilze zugeben und unter Rühren ca. 7 Minuten schmoren.

3 Die Pilze mit Salz und Pfeffer würzen und die Sahne unterrühren. Kurz erhitzen und den Schnittlauch unterheben. Mit frischem Brot servieren.

Waldviertler
Linsensuppe

Für 4 Portionen

200 g Linsen
Salz
1 Lorbeerblatt
1 Thymianzweig
Pfeffer
50 g Gerstengraupen
1 Zwiebel
200 g Karotten
1 El Butterschmalz
1 El Mehl
3 El Buttermilch
1 Tl Senf
2 El Tomatenmark
Essig nach Geschmack

Zubereitungszeit: ca. 25 Minuten
(plus Einweich-, Schmor- und
Garzeit)
Pro Portion ca. 257 kcal/1079 kJ
14 g E, 4 g F, 39 g KH

1 Die Linsen über Nacht in reichlich Wasser einweichen. Am nächsten Tag waschen und in 1 l Wasser mit etwas Salz, Lorbeerblatt, Thymianzweig und 1 Prise Pfeffer geben. Die Gerstengraupen waschen, in die Suppe geben und zum Kochen bringen.

2 Die Zwiebel schälen und hacken. Die Karotten schälen und in Scheiben schneiden. Das Butterschmalz in einer Pfanne erhitzen und die Zwiebel darin unter Rühren glasig schmoren. Mit den Karotten zu den Linsen geben und den Eintopf etwa 40 Minuten garen.

3 Das Mehl in die Buttermilch rühren. Mehlbuttermilch, Senf und Tomatenmark in die Linsensuppe rühren und mit Essig abschmecken. Noch 10 Minuten köcheln, dann servieren.

Schöberlsuppe
mit Schinken

Für 4 Portionen

50 g Butter
100 g gekochter Schinken
3 Eier
Salz
3 El Mehl
Sahne
Fett für die Form
1 l Gemüsebrühe
2 El frisch gehackter Dill

Zubereitungszeit: ca. 20 Minuten
(plus Backzeit)
Pro Portion ca. 207 kcal/869 kJ
11 g E, 17 g F, 1 g KH

1 Den Backofen auf 200 °C (Umluft 180 °C) vorheizen. Die Butter in einer Schüssel schaumig rühren. Den Schinken würfeln.

2 Die Eier trennen. Die Eigelbe nacheinander zur Butter geben und unterrühren. Salz und Mehl und so viel Sahne zugeben, dass ein cremiger Teig entsteht. Die Eiweiße steif schlagen und zuletzt mit dem Schinken unter den Teig heben.

3 Eine Auflaufform einfetten, den Teig gut 2 cm hoch darin verteilen und glatt streichen. Im Ofen etwa 10 Minuten backen, bis er fest geworden ist.

4 Den Teig in Würfel schneiden und in die erhitzte Gemüsebrühe geben. Mit Dill bestreut servieren.

Kartoffelsuppe
mit Kruste

Für 4 Personen

150 g Lauch

100 g Staudensellerie

600 g Kartoffeln

1 El Pflanzenöl

1 l Gemüsebrühe

2 Lorbeerblätter

1 Thymianzweig

Salz

Pfeffer

250 ml Sahne

5 El Butter

50 g Paniermehl

2 El frisch gehackte
Petersilie

Zubereitungszeit: ca. 30 Minuten
(plus Schmor- und Garzeit)
Pro Portion ca. 425 kcal/1785 kJ
7 g E, 27 g F, 36 g KH

1 Lauch und Stangensellerie putzen, waschen und in dünne Ringe schneiden. Vom Lauch nur die hellen Teile verwenden. Die Kartoffeln schälen und würfeln. Bis zur Verwendung in kaltes Wasser legen.

2 Das Öl in einem Topf erhitzen und die Gemüsewürfel darin unter Rühren anschmoren. Die Kartoffelwürfel abtropfen lassen und zugeben, die Gemüsebrühe angießen. Lorbeer und Thymianzweig in die Suppe geben und bei geringer Temperatur etwa 40 Minuten garen.

3 Nach dem Garen die Gewürze aus der Suppe nehmen. Die Suppe pürieren und mit Salz und Pfeffer abschmecken. Die Sahne zugeben und etwas einkochen lassen.

4 Die Butter in einer Pfanne schmelzen und das Paniermehl darin goldbraun rösten. Die Kartoffelsuppe auf Teller verteilen und mit je 2 El geröstetem Paniermehl und Petersilie bestreuen.

Kukuruzsuppe
mit Chili

Für 4 Portionen

2 El Butter

2 El Mehl

750 ml Hühnerbrühe

300 g frische Maiskörner (Kukuruz)

Salz

Pfeffer

je 1 Prise gemahlene Nelken und gemahlener Piment

100 g saure Sahne

1 rote Chilischote

Zubereitungszeit: ca. 15 Minuten
(plus Kochzeit)
Pro Portion ca. 335 kcal/1407 kJ
7 g E, 9 g F, 53 g KH

1 Die Butter in einem Topf schmelzen und das Mehl einrühren. Unter Rühren eine Mehlschwitze herstellen und mit der Hühnerbrühe ablöschen. Aufkochen.

2 Die Maiskörner waschen und trocken schütteln. Dann in der Suppe etwa 20 Minuten garen. Mit Salz, Pfeffer, Nelkenpulver und Piment würzen.

3 Die Suppe pürieren und die saure Sahne unterrühren. Die Chilischote putzen, waschen und entkernen. Dann in sehr dünne Streifen schneiden und die Suppe damit dekorieren.

Rote-Rüben-Suppe
mit Meerrettich

Für 4 Portionen
500 g rote Rüben
Salz
125 g Schalotten
1 El Butter
500 ml Gemüsebrühe
Pfeffer
1 El Mehl
Essig nach Geschmack
100 ml Sahne
geriebener Meerrettich
2 El fein gehackter
Schnittlauch

Zubereitungszeit: ca. 15 Minuten
(plus Koch- und Schmorzeit)
Pro Portion ca. 138 kcal/579 kJ
2 g E, 10 g F, 8 g KH

1 Die roten Rüben gut waschen und mit der Schale in kochendem Salzwasser etwa 30 Minuten garen. Abgießen, abtropfen und abkühlen lassen.

2 Die Schalotten schälen und fein hacken. Die roten Rüben schälen und in kleine Würfel schneiden. Die Butter in einem Topf erhitzen und die Schalotten darin andünsten. Die Rübenwürfel zugeben und kurz mitschmoren.

3 Die Brühe angießen und alles etwa 15 Minuten köcheln. Dann die Suppe pürieren, salzen und pfeffern und wieder in den Topf geben. Das Mehl in etwas Wasser rühren und die kochende Suppe damit binden. Mit Essig abschmecken.

4 Die Sahne steif schlagen. Die Suppe auf Teller verteilen und mit Sahne, Meerrettich und Schnittlauch garnieren.

Gemüse & Gröstl

Fischgröstl
mit Stockfisch

Für 4 Portionen

300 g Stockfisch
300 g Kartoffeln
Salz
2 Lorbeerblätter
3 El Öl
2 Schalotten
1 Knoblauchzehe
Pfeffer
abgeriebene Schale von
1 unbehandelten Zitrone
1 El frisch gehackter Dill

Zubereitungszeit: ca. 30 Minuten
(plus Einweich-, Koch- und
Bratzeit)
Pro Portion ca. 347 kcal/1457 kJ
58 g E, 6 g F, 12 g KH

1 Den Stockfisch über Nacht gründlich wässern. Die Kartoffeln am Vortag zubereiten: waschen und in kochendem, wenig gesalzemem Wasser etwa 20 Minuten kochen, dann abgießen und abkühlen lassen.

2 Den Stockfisch gründlich abspülen und trocken tupfen. In einem Topf 500 ml Salzwasser mit den Lorbeerblättern aufkochen, den Stockfisch hineingeben und ziehen lassen, nicht kochen. Wenn das Stockfischfleisch weiß ist, den Fisch aus dem Topf nehmen, in Würfel schneiden und beiseitestellen.

3 Die Kartoffeln pellen und in Scheiben schneiden. Das Öl in einer Pfanne erhitzen und die Kartoffelscheiben darin knusprig braten. Die Schalotten und die Knoblauchzehe schälen, hacken und mit den Kartoffeln braten. Mit Salz und Pfeffer würzen.

4 Die Fischstücke zu den Kartoffeln geben und miterwärmen. Die Zitronenschale und den Dill unter das Fischgröstl rühren und servieren. Dazu passt Krautsalat.

Kartoffelgratin
mit Speck

Für 4 bis 6 Portionen
1 kg Kartoffeln
Salz
150 g Schinkenspeck
250 ml Sahne
Pfeffer
frisch geriebene Muskatnuss
100 g frisch geriebener
Parmesan
2 El frisch gehackte
Petersilie
Fett für die Form

Zubereitungszeit: ca. 20 Minuten
(plus Koch- und Backzeit)
Pro Portion ca. 353 kcal/1482 kJ
15 g E, 20 g F, 26 g KH

1 Die Kartoffeln waschen, in wenig gesalzenem Wasser etwa 20 Minuten kochen, dann abgießen und etwas abkühlen lassen. Den Backofen auf 180 °C (Umluft 160 °C) vorheizen.

2 Eine Auflaufform einfetten. Die Kartoffeln pellen und in Scheiben schneiden. Den Schinkenspeck fein würfeln. Die Kartoffeln abwechselnd mit dem Speck in die Form schichten.

3 Die Sahne mit Salz, Pfeffer und Muskatnuss würzen und gleichmäßig über die Kartoffeln gießen. Zuletzt den Käse darüberstreuen und das Gratin im Ofen etwa 25 Minuten backen, bis der Käse zu schmelzen beginnt. Mit Petersilie bestreut servieren. Dazu einen frischen grünen Salat reichen. Auch als Beilage zu Fleischgerichten geeignet.

Zwiebelgemüse
süß-sauer

Für 4 Portionen

200 g kleine weiße Zwiebeln

200 g rote Zwiebeln

3 El Zucker

4 El Apfelessig

100 ml Weißwein

100 ml Gemüsebrühe

Salz

Pfeffer

Zubereitungszeit: ca. 20 Minuten
(plus Kochzeit)
Pro Portion ca. 64 kcal/268 kJ
1 g E, 1 g F, 9 g KH

1 Die Zwiebeln schälen und in ihre Schichten zerlegen. In einem großen Topf den Zucker unter Rühren karamellisieren lassen.

2 Karamell mit Apfelessig ablöschen und die Zwiebelschichten hineingeben. Die Zwiebeln im Sirup bei geringer Temperatur 3 Minuten dünsten.

3 Mit Weißwein und Brühe ablöschen und die Flüssigkeit um die Hälfte einkochen. Mit Salz und Pfeffer abschmecken. Die süß-sauren Zwiebeln kalt als Beilage zum Speckbrett oder Kartoffelgerichten, warm als Beilage zu Fleisch- und Geflügelgerichten servieren.

Bozener Herrengröstl
mit Rindfleisch

Für 4 Portionen
8 Kartoffeln
Salz
2 Schalotten
2 Knoblauchzehen
2 El Olivenöl
2 El Butter
Pfeffer
1/2 Tl gemahlener Kümmel
1 Tl getrockneter Thymian
1 Tl getrockneter Rosmarin
1 Tl getrockneter Majoran
400 g gekochtes Rindfleisch
150 ml Rinderbrühe
2 El frisch gehackter Kerbel

Zubereitungszeit: ca. 30 Minuten
(plus Koch- und Schmorzeit)
Pro Portion ca. 305 kcal/1281 kJ
21 g E, 18 g F, 13 g KH

1 Die Kartoffeln waschen, in leicht gesalzenem Wasser 20 Minuten kochen, dann abgießen und etwas abkühlen lassen. Die Schalotten und die Knoblauchzehen schälen und fein hacken. Die Kartoffeln pellen und in Scheiben schneiden.

2 Das Öl mit der Butter in einer Pfanne erhitzen und die Schalotten sowie den Knoblauch darin glasig schwitzen. Die Kartoffelscheiben hinzufügen und unter mehrmaligem Wenden knusprig braten. Dann die Gewürze und Kräuter unterrühren.

3 Das Rindfleisch in Streifen schneiden und unter die Kartoffeln heben. Die Brühe angießen und alles noch 2 Minuten schmoren, dann mit Kerbel bestreut servieren.

Bauerngröstl
mit Speck

Für 4 Portionen

500 g Kartoffeln
Salz
3 Zwiebeln
2 Knoblauchzehen
250 g Räucherspeck
4 Gewürzgurken
8 Eier
Pfeffer
2 El Butter
1/2 Tl gemahlener Kümmel
1 Tl edelsüßes Paprikapulver
1 El getrockneter Majoran
2 El frisch gehackte
Petersilie

Zubereitungszeit: ca. 30 Minuten
(plus Koch- und Bratzeit)
Pro Portion ca. 432 kcal/1814 kJ
30 g E, 23 g F, 24 g KH

1 Die Kartoffeln waschen, in leicht gesalzenem Wasser 20 Minuten kochen, dann abgießen und etwas abkühlen lassen. Die Zwiebeln und Knoblauchzehen schälen und fein hacken. Die Kartoffeln pellen und in Scheiben schneiden.

2 Den Speck in Streifen schneiden, die Gurken fein würfeln. Die Eier in einer Schüssel verquirlen und mit Salz und Pfeffer würzen.

3 Die Butter in einer großen gusseisernen Pfanne erhitzen und die Zwiebeln sowie den Knoblauch darin glasig dünsten. Den Speck und die Kartoffelscheiben zugeben und knusprig braten. Die Gurkenwürfel unterheben und die Mischung mit Kümmel, Paprika und Majoran würzen.

4 Die Eier über die Kartoffeln geben und stocken lassen. Mit Petersilie bestreuen. Das Bauerngröstl in der Pfanne servieren. Dazu einen Tomatensalat reichen.

Spargel mit Bozener Sauce

Für 4 Portionen
1 kg weißer Spargel
Salz
1 Prise Zucker

Für die Bozener Sauce
6 Eier
Salz
2 Tl Senf
3 El Essig
4 El Öl
Pfeffer
2 El Schnittlauch
1 El gehackte Kapern

Zubereitungszeit: ca. 30 Minuten
(plus Garzeit)
Pro Portion ca. 242 kcal/1016 kJ
16 g E, 15 g F, 7 g KH

1 Den Spargel putzen, schälen, die holzigen Enden abschneiden und die Stangen in Salzwasser mit 1 Prise Zucker etwa 12 Minuten bissfest garen.

2 Für die Sauce die Eier hart kochen, abschrecken und kurz abkühlen lassen. Die Eier pellen, halbieren, die Eiweiße fein würfeln, die Eigelbe mit etwas Salz, 1 El Spargelkochwasser, Senf, Essig, Öl und Pfeffer cremig rühren.

3 Das gewürfelte Eiweiß und den Schnittlauch unter die Eigelbcreme rühren. Nach Geschmack die Kapern zugeben.

4 Die Spargelstangen abgießen und auf Tellern anrichten. Die Bozener Sauce in Schälchen dazureichen. Mit Salzkartoffeln servieren.

Erdäpfelsalat
mit Gewürzgurken

Für 4 Portionen

1 kg Kartoffeln
Salz
1 Zwiebel
2 Gewürzgurken
150 ml Gemüsebrühe
75 ml Sonnenblumenöl
75 ml Weißweinessig
2 Tl mittelscharfer Senf
Pfeffer
1 Bund frisch geschnittener
Schnittlauch

Zubereitungszeit: ca. 30 Minuten
(plus Gar-, Koch- und Ruhezeit)
Pro Portion ca. 217 kcal/911 kJ
5 g E, 3 g F, 38 g KH

1 Die Kartoffeln waschen, in wenig gesalzenem Wasser in etwa 20 Minuten garen, abgießen und abtropfen lassen. Etwas abkühlen lassen, dann die Kartoffeln pellen und in Scheiben schneiden.

2 Die Zwiebel schälen und fein hacken. Die Gewürzgurken fein würfeln. Die Kartoffelscheiben mit den Gurken in eine Schüssel geben. Die Zwiebel in der heißen Brühe 2 Minuten köcheln, dann beides unter die Kartoffeln rühren.

3 Aus Öl, Essig, Senf, Salz und Pfeffer sowie Schnittlauchröllchen (2 El zurückbehalten) ein Dressing bereiten und über den Erdäpfelsalat geben. Alles gut vermischen und 30 Minuten ziehen lassen. Mit dem restlichen Schnittlauch bestreut servieren.

Zwiebelkompott
mit Weißwein

Für 4 Portionen

750 g rote Zwiebeln
2 El Butter
1 Apfel
1 El Zucker
Salz
4 Pfefferkörner
1 Lorbeerblatt
200 ml Weißwein

Zubereitungszeit: ca. 30 Minuten
(plus Schmorzeit)
Pro Portion ca. 148 kcal/621 kJ
2 g E, 4 g F, 19 g KH

1 Die Zwiebeln schälen und in dünne Ringe schneiden oder fein reiben. Die Butter in einer Pfanne erhitzen und die Zwiebelringe darin glasig schmoren.

2 Den Apfel schälen und ebenfalls in dünne Scheiben reiben. Zu den Zwiebeln geben und mitschmoren, bis der Apfel weich ist.

3 Den Zucker darüberstreuen und karamellisieren lassen. Dann mit Salz und Pfefferkörnern würzen, das Lorbeerblatt hinzufügen. Den Wein angießen und unter Köcheln einkochen lassen. Das Zwiebelkompott kalt zur Jause reichen.

Bohnensalat
mit Winterrettich

Für 4 Portionen
400 g rote Bohnen
Salz
3 Knoblauchzehen
1 Schalotte
3 Frühlingszwiebeln
1 schwarzer Winterrettich
2 El Apfelessig
1 Tl Senf
Pfeffer
4 El Kernöl

Zubereitungszeit: ca. 20 Minuten
(plus Einweich-, Gar-, Kühl- und
Ruhezeit)
Pro Portion ca. 110 kcal/462 kJ
4 g E, 5 g F, 10 g KH

1 Die Bohnen über Nacht in reichlich Wasser einweichen. Am nächsten Tag das Einweichwasser abgießen und die Bohnen in leicht gesalzenem Wasser etwa 40 Minuten garen. Sie dürfen nicht zerfallen. Knoblauch schälen und in Stücke schneiden. Zu den Bohnen geben und mitgaren. Nach der Garzeit die Bohnen abgießen, abtropfen und abkühlen lassen.

2 Die Schalotte schälen und fein reiben. Die Frühlingszwiebeln putzen, waschen und in Ringe schneiden. Den Rettich waschen, schälen und in streichholzdünne Streifen schneiden.

3 Aus Apfelessig, Senf, Pfeffer, Salz und Kernöl ein Dressing rühren. Die Salatzutaten in eine Schüssel geben und mit dem Dressing vermischen. Etwa 30 Minuten durchziehen lassen. Mit frischem Brot servieren.

Grammeltaschen
mit herzhafter Füllung

Für 4 Portionen

300 g gekochte Kartoffeln
200 g Mehl
50 g Weizengrieß
2 kleine Eier
Salz
Pfeffer
Mehl für die Arbeitsfläche
Paniermehl

Für die Füllung

2 rote Zwiebeln
1 Knoblauchzehe
2 El Maiskeimöl
Salz
Pfeffer
50 g Speck
1/2 Tl getrockneter Thymian

Zubereitungszeit: ca. 30 Minuten
(plus Ruhe-, Schmor- und Garzeit)
Pro Portion ca. 440 kcal/1848 kJ |
12 g E, 17 g F, 57 g KH

1 Die Kartoffeln schälen und in eine Schüssel reiben. Mehl, Grieß, Eier und Gewürze dazugeben und einen festen Teig bereiten. Den Teig zu einer Rolle formen und etwa 30 Minuten ruhen lassen.

2 Für die Füllung die Zwiebeln und Knoblauchzehe schälen und hacken. Das Öl in einer Pfanne erhitzen und beides darin andünsten. Würzen Den Speck würfeln und im Fett knusprig braten. Den Thymian unterrühren.

3 Den Kartoffelteig auf einer bemehlten Arbeitsfläche dünn ausrollen und Kreise (10 cm Durchmesser) ausstechen. Auf die Hälfte eines Kartoffelkreises 1 El Füllung setzen und die andere Hälfte darüberklappen, sodass ein Halbmond entsteht. Die Ränder gut festdrücken.

4 Die Grammeltaschen in kochendem Salzwasser etwa 10 Minuten garen. Aus dem Topf holen und abtropfen lassen. Mit in Fett geröstetem Paniermehl bestreuen und servieren. Dazu schmeckt frischer Salat.

Süßsaures Kürbisgemüse

Für 4 Portionen

500 g Kürbis
1/2 Tl Kreuzkümmel
1/2 Tl Essig
1 Tl Zucker
1 Tl Paprikapulver
1 Zwiebel
4 El Pflanzenöl
3 El Mehl
125 g saure Sahne

Zubereitungszeit: ca. 20 Minuten
(plus Zeit zum Durchziehen und
Schmoren)
Pro Portion ca. 163 kcal/684 kJ
4 g E, 8 g F, 16 g KH

1 Den Kürbis schälen, die Kerne entfernen und das Fruchtfleisch in dünne Streifen schneiden. In einer Schüssel mit dem Kreuzkümmel, Essig, Zucker und Paprika vermischen und 15 Minuten durchziehen lassen.

2 Die Zwiebel schälen und hacken. Das Öl in einer Pfanne erhitzen und die Zwiebel darin goldgelb schmoren. Den Kürbis zugeben und abgedeckt etwa 10 Minuten schmoren. Nach Bedarf etwas Flüssigkeit (z. B. Brühe) zugeben.

3 Das Mehl in etwas Wasser anrühren und den Kürbis damit binden. Zuletzt die saure Sahne unterrühren und erhitzen. Schmeckt als Beilage zu Rindfleisch.

Erdäpfellaibchen
mit Räucherwurst

Für 4 Portionen
1 kg Kartoffeln
Salz
200 g geräucherte Wurst
2 Knoblauchzehen
1 Schalotte
1 Ei
Pfeffer
1/2 Tl getrockneter Majoran
100 g Mehl
2 El frisch gehackte
Petersilie
150 g Butterschmalz

Zubereitungszeit: ca. 20 Minuten
(plus Gar- und Bratzeit)
Pro Portion ca. 530 kcal/2226 kJ
11 g E, 28 g F, 56 g KH

1 Die Kartoffeln waschen und in wenig gesalzenem Wasser etwa 25 Minuten garen. Dann abgießen, ausdämpfen lassen, noch heiß schälen und mit einer Gabel zerdrücken.

2 Die Wurst in sehr feine Würfel schneiden. Die Knoblauchzehen und die Schalotte schälen und fein hacken. Das Kartoffelpüree mit der Wurst und den restlichen Zutaten außer dem Fett zu einem Teig verarbeiten.

3 Das Butterschmalz in einer Pfanne schmelzen. Mit den Händen aus dem Teig kleine Laibchen (flache Klöße) formen und im Fett ausbacken. Auf Küchenpapier abtropfen lassen.

4 Die Erdäpfellaibchen mit frischem grünen Salat servieren.

Fisolengulasch
mit Bauchspeck

Für 4 Portionen

100 g Bauchspeck
1 Zwiebel
1 El Pflanzenöl
700 g Fisolen
(Stangenbohnen)
Salz
1/2 Tl Paprikapulver
1/2 Tl Weinessig
100 g Tomaten
150 ml Gemüsebrühe
1 El Mehl

Zubereitungszeit: ca. 30 Minuten
(plus Schmor- und Garzeit)
Pro Portion ca. 265 kcal/1113 kJ
5 g E, 23 g F, 8 g KH

1 Den Speck in kleine Würfel schneiden. Die Zwiebel schälen und in Ringe schneiden. Das Öl in einem Topf erhitzen und den Speck darin knusprig rösten. Die Zwiebelringe zugeben und goldgelb schmoren.

2 Die Fisolen putzen, waschen und klein schneiden. Zu der Zwiebel geben und mit Salz, Paprika und Essig würzen.

3 Die Tomaten heiß überbrühen, von Stielansätzen, Häuten und Kernen befreien und würfeln. Zu den Fisolen geben und die Brühe angießen. Alles etwa 20 Minuten köcheln. Das Mehl darüberstäuben, abschmecken und servieren.

Pasta, Risotto & Co.

Gefüllte Palatschinken
mit Käse

Für 4 Portionen

120 g Mehl

3 Eier

Salz

400 ml Milch

100 ml Sahne

3 El Butterschmalz

200 g Ricotta

Pfeffer

frisch geriebene Muskatnuss

1 El frisch gehackte
Petersilie

2 El geriebener Bergkäse

30 g Butter

Zubereitungszeit: ca. 20 Minuten
(plus Bratzeit)
Pro Portion ca. 470 kcal/1974 kJ
20 g E, 30 g F, 28 g KH

1 Das Mehl in eine Schüssel sieben und die Eier hineinrühren. Salz, Milch und Sahne zugeben und alles zu einem dünnflüssigen Teig verrühren.

2 Das Butterschmalz in einer Pfanne erhitzen und nacheinander aus dem Teig dünne Palatschinken braten.

3 Den Ricotta mit Salz, Pfeffer, Muskat würzen und die Petersilie unterrühren. In jeden Palatschinken etwas angemachten Ricotta geben, zusammenrollen und mit geriebenem Käse bestreuen.

4 Die Butter schmelzen und über die Palatschinken träufeln. Heiß servieren.

Risotto
mit Krebsen

Für 4 Portionen

1 kleine Zwiebel

1 Knoblauchzehe

3 El Olivenöl

1 l Gemüsebrühe

400 g Arborioreis

100 ml trockener Weißwein

Salz

Pfeffer

400 g gekochtes
Flusskrebsfleisch

1/2 Bund frisch gehackte
Petersilie

1–2 El weiche Butter

Zubereitungszeit: ca. 20 Minuten
(plus Garzeit)
Pro Portion ca. 532 kcal/2234 kJ
25 g E, 9 g F, 80 g KH

1 Die Zwiebel und die Knoblauchzehe schälen und hacken. Das Olivenöl in einem hohen Topf erhitzen. Die Zwiebel sowie den Knoblauch darin anschwitzen. Die Brühe erhitzen.

2 Den Reis waschen, abtropfen lassen und in den Topf zu der Zwiebel und dem Knoblauch geben. So lange rühren, bis er vollständig mit Fett überzogen ist. Nun den Wein angießen und so lange kochen, bis er verdampft ist. Nach und nach immer etwa eine Schöpfkelle heiße Brühe zugeben und unter Rühren kochen, bis der Reis die Flüssigkeit aufgesogen hat. Diesen Vorgang wiederholen, bis der Reis weich und cremig ist. Mit Salz und Pfeffer abschmecken.

3 Kurz vor Ende der Garzeit das Krebsfleisch und die Petersilie unterheben und im Reis erwärmen. Die Butter unter das fertige Risotto rühren, bis es glänzt.

Terlaner Spargelrisotto
mit Kerbel

Für 4 Portionen

1 Zwiebel
2 El Butter
400 g Risottoreis
200 ml Weißwein
1 l Hühnerbrühe
Salz
Pfeffer
400 g Terlaner Spargel
40 g Butter
frisch geriebene Muskatnuss
40 g frisch geriebener
Parmesan
2 El frisch gehackter Kerbel

Zubereitungszeit: ca. 30 Minuten
(plus Gar- und Dünstzeit)
Pro Portion ca. 472 kcal/1982 kJ
12 g E, 8 g F, 81 g KH

1 Die Zwiebel schälen und hacken. Die Butter in einem Topf erhitzen und die Zwiebel darin glasig schwitzen. Den Reis waschen, abtropfen lassen und in den Topf geben. Unter Rühren mitschwitzen, bis er vollständig mit Fett überzogen ist.

2 Den Wein angießen und rühren, bis der Reis die Flüssigkeit aufgesogen hat. Die Hühnerbrühe erhitzen. Mit einer Schöpfkelle nach und nach die heiße Brühe zum Reis geben, bis das Risotto cremig und weich ist. Mit Salz und Pfeffer würzen.

3 Den Spargel putzen und schälen, die Enden abschneiden und die Stangen in Stücke schneiden. In einen Topf mit 2 El Butter und wenig Wasser geben, mit Salz, Pfeffer und Muskat würzen. Die Spargelstücke etwa 8 Minuten dünsten. Dann mit dem Saft unter das Risotto mischen. Die restliche Butter und den Käse in das Risotto rühren und mit dem Kerbel bestreut servieren.

Tortelloni
mit Bohnen

Für 4 bis 6 Portionen

Zwiebel

El Butter

El Mehl

00 ml Milch

Salz, Pfeffer

risch geriebene Muskatnuss

25 ml Sahne

00 g frisch geriebener
Parmesan

kg frische dicke Bohnen
mit Schale

El Olivenöl

2 El Gemüsebrühe

Zitronensaft

2 El frisch gehackte
Petersilie

Für den Nudelteig

300 g Weizenmehl

300 g Hartweizenmehl

3 Eier

7 Eigelb

3 El Olivenöl

Mehl für die Arbeitsfläche

Zubereitungszeit: ca. 40 Minuten
(plus Zeit zum Ruhen, Koch- und
Garzeit)
Pro Portion ca. 701 kcal/2944 kJ
33 g E, 34 g F, 63 g KH

1 Für den Nudelteig alle Zutaten vermischen und zu einem geschmeidigen Teig verarbeiten. Nach Bedarf noch etwas lauwarmes Wasser zugeben. Den Teig in Folie wickeln und 30 Minuten ruhen lassen.

2 Die Zwiebel schälen und fein hacken. Die Butter in einem Topf erhitzen und die Zwiebel darin glasig schwitzen. Das Mehl darüberstäuben und unterrühren. Die Milch angießen und die Sauce unter Rühren sämig kochen. Mit Salz, Pfeffer und Muskatnuss abschmecken und etwa 30 Minuten dick einkochen. Dann die Sahne angießen und den Käse unterrühren. Zum Abkühlen beiseitestellen.

3 Den Teig mit einer Nudelmaschine oder dem Nudelholz auf einer bemehlten Arbeitsfläche dünn ausrollen und in etwa 8 x 8 cm große Quadrate schneiden. Auf jedes Teigquadrat 1 Tl Füllung geben und zu einem Dreieck zusammenlegen. Die Spitzen der Dreiecke zusammenbiegen und festdrücken. Die Tortelloni in reichlich kochendem Salzwasser ca. 3 Minuten garen.

4 Die Bohnen palen und in kochendem Wasser kurz blanchieren. Abgießen und abtropfen lassen. Dann in 1 El heißem Olivenöl schwenken und würzen. Die restlichen Zutaten miteinander zu einer Sauce vermischen. Die Tortelloni mit den Bohnen auf Teller geben und mit der Sauce beträufeln.

Schupfnudeln
mit Muskatnuss

Für 4 Portionen
500 g Kartoffeln
Salz
6 Eigelb
3–4 El Mehl
Pfeffer
frisch geriebene Muskatnuss
4 El Butter

Zubereitungszeit: ca. 20 Minuten
(plus Zeit zum Kochen und Ziehen)
Pro Portion ca. 270 kcal/1134 kJ
8 g E, 15 g F, 24 g KH

1 Die Kartoffeln waschen und in wenig gesalzenem Wasser etwa 20 Minuten kochen. Abgießen und die Kartoffeln gut ausdampfen lassen. Anschließend die Kartoffeln schälen und durch eine Kartoffelpresse drücken.

2 Die Eigelbe und etwas Mehl mit dem Kartoffelbrei vermischen, sodass ein fester Teig entsteht. Mit Salz, Pfeffer und Muskat würzen.

3 Aus dem Kartoffelteig 2 cm dicke Rollen formen und diese in etwa 4 cm lange Stücke schneiden. Die Teigstücke zwischen den Händen ähnlich wie kleine Zigarren rollen.

4 Die Schupfnudeln in kochendem Salzwasser etwa 5 Minuten ziehen lassen. Abgießen und zum Abtropfen auf ein Küchentuch legen. Die Butter in einer Pfanne erhitzen und die Schupfnudeln darin goldbraun braten. Als Beilage zu Kraut und Fleischgerichten servieren.

Cannelloni
mit Kürbis

Für 4 Portionen
1 Zwiebel
1 Knoblauchzehe
2 El Olivenöl
400 g Kürbis
150 ml Gemüsebrühe
Salz
Pfeffer
1 Prise Piment
frisch geriebene Muskatnuss
Nudelteig (siehe Seite 94/95)
1 Eiweiß
Mehl für die Arbeitsfläche

Für die Sauce
225 ml Milch
80 g Schmelzkäse mit
Kräutern
1 Prise Cayennepfeffer
Salz
Pfeffer
1 Spritzer Zitronensaft
1 El frisch gehackte
Petersilie

Zubereitungszeit: ca. 30 Minuten
(plus Koch- und Garzeit)
Pro Portion ca. 238 kcal/999 kJ
13 g E, 8 g F, 25 g KH

1 Die Zwiebel und die Knoblauchzehe schälen, fe hacken und im heißen Olivenöl glasig schwitze Den Kürbis schälen und fein würfeln. In den To geben und mitschwitzen. Die Brühe angießen un den Kürbis etwa 15 Minuten köcheln. Dann püriere und mit den Gewürzen abschmecken.

2 Den Nudelteig auf einer bemehlten Arbeitsflä che dünn zu vier Rechtecken (10 x 40 cm) aus rollen. Die Ränder mit verquirltem Eiweiß einstre chen. Die Kürbismasse auf die Teigstücke geben un die Teigstücke von der Längsseite aus zusammen rollen. Die Enden leicht zusammendrücken. Di Cannelloni in kochendem Salzwasser etwa 3 Minu ten garen.

3 Für die Sauce die Milch in einem Topf zun Kochen bringen. Den Schmelzkäse hineinge ben und unter Rühren auflösen. Mit Cayennepfeffe Salz, Pfeffer und Zitronensaft abschmecken. Di Cannelloni auf Teller geben, mit der Sauce überzie hen und mit gehackter Petersilie bestreuen.

Kastaniennudeln
mit Fleischragout

Für 4 Portionen

2 Zwiebeln
1 Knoblauchzehe
2 El Olivenöl
2 El Tomatenmark
750 g Rinderhackfleisch
2 Karotten
100 g Sellerie
1 Tl getrockneter Rosmarin
1 Tl getrockneter Thymian
Salz
Pfeffer
500 ml trockener Weißwein

Für den Kastaniennudelteig

125 g Kastanienmehl
375 g Weizenmehl
4 Eier
Salz
1 El Olivenöl
Mehl für die Arbeitsfläche

Zubereitungszeit: ca. 30 Minuten
(plus Zeit zum Ruhen, Koch- und
Garzeit)
Pro Portion ca. 912 kcal/3830 kJ
56 g E, 36 g F, 84 g KH

1 Die Zutaten für den Nudelteig vermischen, etwas Wasser zufügen und zu einem geschmeidigen Teig kneten. Etwa 30 Minuten ruhen lassen, dann den Teig auf einer bemehlten Arbeitsfläche dünn ausrollen und daraus zentimeterbreite Bandnudeln schneiden.

2 Die Zwiebeln und die Knoblauchzehe schälen und hacken. Das Öl in einer Pfanne erhitzen und beides darin glasig schwitzen. Das Tomatenmark zugeben und kurz mitschwitzen. Dann das Hackfleisch zugeben und unter Rühren krümelig braten. Die Karotten und den Sellerie schälen, würfeln und zum Hackfleisch geben. Die Kräuter einrühren und die Mischung mit Salz und Pfeffer würzen.

3 Den Wein angießen und alles etwa 20 Minuten köcheln. Inzwischen die Bandnudeln in reichlich kochendem Salzwasser etwa 4 Minuten bissfest garen. Abgießen, abtropfen lassen und mit der Fleischsauce anrichten.

Krautfleckerln
mit Schinken

Für 4 Portionen

600 g Bandnudeln
Salz
400 g gekochter Schinken
1 Knoblauchzehe
4 Eier
250 ml Sahne
Pfeffer
1/2 Tl geriebene Muskatnuss
50 g Butter
100 g Paniermehl
500 g Weißkraut
2 El Butterschmalz
Kümmel
Fett für die Form

Zubereitungszeit: ca. 20 Minuten
(plus Gar- und Backzeit)
Pro Portion ca. 1090 kcal/4578 kJ
51 g E, 39 g F, 130 g KH

1 In einem Topf reichlich Salzwasser zum Kochen bringen und die Nudeln darin nach Packungsanweisung garen. Danach abgießen und abtropfen lassen.

2 Den Backofen auf 200 °C (Umluft 180 °C) vorheizen. Eine feuerfeste Form einfetten und die Nudeln hineingeben.

3 Den Schinken in Würfel schneiden, den Knoblauch schälen und fein hacken. Beides mit den Nudeln vermischen. Die Eier mit Sahne, Salz, Pfeffer und Muskatnuss verquirlen und über die Nudeln gießen.

4 Den Auflauf im Ofen etwa 30 Minuten backen, nach 20 Minuten die Butter in Flöckchen daraufsetzen und das Paniermehl darüberstreuen.

5 Das Weißkraut putzen, waschen und in Streifen schneiden. In einer Pfanne im heißen Schmalz 30 Minuten schmoren. Mit Salz, Pfeffer und Kümmel würzen. Zu den Fleckerln servieren.

Fleischnudeln
mit herzhafter Füllung

Für 4 Portionen

500 g Mehl
1 Ei
2 El Öl
Salz
1 Zwiebel
1 Lauchstange
500 g gemischtes
Hackfleisch
50 g Paniermehl
1 Eiweiß
Pfeffer
Mehl für die Arbeitsfläche

Zubereitungszeit: ca. 30 Minuten
(plus Ruhe-, Schmor- und Garzeit)
Pro Portion ca. 862 kcal/3620 kJ
40 g E, 32 g F, 100 g KH

1 Mehl, 1 Ei, 1 El Öl und etwas Wasser zu einer festen Teig verarbeiten und salzen. Den Tei etwa 1 Stunde ruhen lassen.

2 Die Zwiebel schälen und hacken. Den Lauc gründlich putzen, waschen, abtropfen lasse und den hellen Teil in dünne Ringe schneiden Restliches Öl in einer Pfanne erhitzen und di Zwiebel sowie den Lauch darin gut anschmoren. Da Hackfleisch mit der Pfannenmischung verrühren Paniermehl und Eiweiß zugeben und würzen.

3 Den Teig auf einer bemehlten Arbeitsfläch dünn ausrollen, zu einer Rolle formen un daraus dünne Scheiben abschneiden. Die Scheibe in der Handfläche flach drücken, jeweils etwa Füllung daraufgeben und den Teig halbkreisförmig zu Taschen zusammenlegen. Die Ränder gut fest drücken und mit einer Gabel Zacken hineindrücken.

4 Die Fleischnudeln in kochendem Salzwasser etwa 15 Minuten garen. Mit ausgelassenem Speck servieren.

Kürbisnudeln
mit Speck

für 4 Portionen
kg Kürbis
50 g Schalotten
00 g Butter
0 g Kürbiskerne
alz
00 g Bandnudeln
5 g Tiroler Speck
Tl Rosenpaprikapulver
50 g Crème fraîche
Bund frisch gehackter
chnittlauch

ubereitungszeit: ca. 30 Minuten
lus Gar- und Schmorzeit)
ro Portion ca. 820 kcal/3465 kJ
4 g E, 42 g F, 84 g KH

1 Den Kürbis halbieren, entkernen, schälen und grob raspeln. Die Schalotten schälen und in feine Würfel schneiden. 1 El Butter in einer Pfanne schmelzen und die Kürbiskerne darin rösten, anschließend salzen.

2 Die Bandnudeln in kochendem Salzwasser bissfest garen, in einem Sieb abtropfen lassen. Den Speck in Scheiben schneiden, diese halbieren und in einer Pfanne ohne Fett bei mittlerer Temperatur von jeder Seite etwa 2 Minuten knusprig braten.

3 Die restliche Butter in einem Topf erhitzen, die Schalottenwürfel und Kürbisraspel hineingeben und unter Rühren nicht zu weich dünsten. Mit Salz und Paprika würzen. Die Nudeln und die Crème fraîche unterheben und erhitzen. Zuletzt die Kürbiskerne und den Schnittlauch dazugeben. Die Nudeln mit den Speckscheiben belegen und servieren.

Polenta, Knödel & Co.

Gnocchi
mit Gorgonzola und Nüsse[n]

Für 4 Portionen

200 g Kartoffeln
Salz
250 g Ricotta
50 g frisch geriebener
Parmesan
40 g geriebene Walnüsse
1 Eigelb
frisch geriebene Muskatnuss
Pfeffer
100 g Mehl
100 ml Hühnerbrühe
125 g Crème fraîche
100 g Gorgonzola
2 El Olivenöl
1 Tl Butter für die Form

Zubereitungszeit: ca. 30 Minuten
(plus Koch- und Backzeit)
Pro Portion ca. 475 kcal/1995 kJ
18 g E, 32 g F, 27 g KH

1 Die Kartoffeln waschen, in wenig gesalzene[m] Wasser etwa 20 Minuten kochen. Dann abgieße[n] abtropfen lassen, schälen und zerstampfen. Den Br[ei] etwas abkühlen lassen.

2 Den Kartoffelbrei mit dem Ricotta, 30 g Parme[-]san, den Nüssen, Eigelb, Salz, etwas Muska[t,] Pfeffer und Mehl in einer Schüssel zu einem Te[ig] verkneten. Aus dem Teig 1,5 cm dicke Rollen forme[n] davon 2 cm lange Stücke abschneiden.

3 Die Hühnerbrühe mit der Crème fraîche i[n] einem Topf aufkochen, vom Herd nehmen un[d] den gewürfelten Gorgonzola darin unter Rühre[n] schmelzen. Mit Muskat und Pfeffer würzen und da[s] Öl unterrühren. Sollte die Sauce zu kräftig sein, noc[h] etwas Milch hinzufügen. Den Backofen auf 220 °[C] (Umluft 200 °C) vorheizen.

4 Die Gnocchi in kochendem Salzwasser gare[n,] bis sie an die Oberfläche steigen. Mit de[m] Schaumlöffel herausheben und in eine gefettete Auf[-]laufform geben. Die Gorgonzolasauce darüber gießen, mit dem restlichen Parmesan bestreuen un[d] im Backofen etwa 10 Minuten überbacken.

Spinatspatzen
mit Pecorino

Für 4 Portionen

6 große Kartoffeln
Salz
250 g Spinat
2 Eier
Pfeffer
frisch geriebene Muskatnuss
200 g Butter
300 g frisch geriebener
Pecorino
1 Tl Zitronensaft
Fett für die Form

Zubereitungszeit: ca. 30 Minuten
(plus Koch- und Backzeit)
Pro Portion ca. 722 kcal/3032 kJ
28 g E, 56 g F, 24 g KH

1 Die Kartoffeln waschen, in wenig gesalzenem Wasser etwa 20 Minuten kochen. Dann abgießen abtropfen und abkühlen lassen. Anschließend schälen und zerstampfen.

2 Den Spinat verlesen, waschen, tropfnass in einen Topf geben und zusammenfallen lassen, dann abgießen und fein hacken. Den Kartoffelbrei mit Spinat, Eiern, Salz, Pfeffer und etwas Muskat zu einem Teig verarbeiten.

3 Den Backofen auf 180 °C (Umluft 160 °C) vorheizen. Aus dem Teig kleine Stücke („Spatzen") formen und in eine gefettete Auflaufform geben. Die Butter in einem Topf zerlassen, den Käse und etwas Zitronensaft dazugeben, kurz umrühren und über die Spatzen gießen. Die Spinatspatzen im Ofen etwa 15 Minuten backen.

Ziegenkäsenocken
mit Grana Padano

Für 4 bis 6 Portionen

3 Brötchen vom Vortag

3 El Sahne

100 ml Milch

125 g Butter

2 Eier

Salz

Pfeffer

frisch geriebene Muskatnuss

250 g Ziegenfrischkäse

70 g Mehl

50 g Hartweizengrieß

75 g frisch geriebener Grana
Padano

Zubereitungszeit: ca. 20 Minuten
(plus Einweich-, Ruhe- und
Garzeit)
Pro Portion ca. 503 kcal/2112 kJ
14 g E, 37 g F, 27 g KH

1 Die Brötchen in Würfel schneiden und in der warmen Sahne und Milch einweichen. Die Butter schmelzen. Die Eier trennen. 75 g Butter mit den Eigelben und den Gewürzen schaumig schlagen.

2 Den Ziegenfrischkäse unter die Butter-Ei-Mischung rühren. Das Mehl und den Grieß dazugeben und alles mit den ausgedrückten Brötchen zu einem festen Teig verarbeiten. Den Teig abgedeckt 1 Stunde ruhen lassen. Anschließend die Eiweiße steif schlagen und unterheben.

3 Mit einem Löffel Nocken vom Teig abstechen und in kochendem Salzwasser etwa 10 Minuten garen. Mit einem Schaumlöffel herausheben, mit der restlichen braunen Butter beträufeln und mit Käse bestreut servieren. Dazu einen Rote-Bete-Salat reichen.

Schinkenknödel
mit Kräutern

Für 4 Portionen

300 g Weißbrot
150 ml Milch
200 g gekochter Schinken
2 Zwiebeln
2 El Sonnenblumenöl
2 Eier
50 g Mehl
Salz
Pfeffer
2 El frisch gehackte Petersilie
1 El frisch gehackter
Schnittlauch
1/2 Tl getrockneter Thymian
50 g frisch geriebener
Parmesan

Zubereitungszeit: ca. 20 Minuten
(plus Einweich-, Brat- und
Garzeit)
Pro Portion ca. 372 kcal/1562 kJ
22 g E, 9 g F, 49 g KH

1 Das Brot in kleine Würfel schneiden und in der warmen Milch einweichen. Den Schinken würfeln, die Zwiebeln schälen und fein hacken. Das Öl in einer Pfanne erhitzen und die Zwiebeln sowie den Schinken darin anbraten.

2 Die Eier mit den Zwiebeln, dem Schinken, dem Mehl, Salz, Pfeffer, den Kräutern und dem ausgedrückten Brot zu einem geschmeidigen Teig verarbeiten.

3 Aus der Masse mit angefeuchteten Händen kleine Knödel formen und in kochendem Salzwasser etwa 15 Minuten ziehen lassen. Mit Käse bestreuen und zu grünem Salat servieren.

Polentaauflauf
mit Hack

ür 4 Portionen
l Milch
Tl Salz
feffer
)0 g grober Maisgrieß

ür die Füllung
Zwiebeln
Karotten
El Olivenöl
)0 g gemischtes
lackfleisch
El Rotweinessig
25 ml trockener Rotwein
25 ml Fleischbrühe
alz
0–15 Tropfen Tabasco
El edelsüßes Paprikapulver
El frisch gehackte Petersilie
)0 g Tiroler Bergkäse
ett für die Form

Zubereitungszeit: ca. 20 Minuten
olus Koch-, Dünst- und Backzeit)
Pro Portion ca. 822 kcal/3452 kJ
.4 g E, 45 g F, 54 g KH

1 Die Milch mit dem Salz und etwas Pfeffer in einem Topf zum Kochen bringen. Die Temperatur herunterschalten und den Maisgrieß unter ständigem Rühren einrieseln lassen. 15–20 Minuten quellen lassen, dabei öfter umrühren.

2 Die Zwiebeln und die Karotten schälen, beides in feine Würfel schneiden. In einer großen Pfanne das Öl erhitzen und die Zwiebelwürfel darin glasig schwitzen. Das Hackfleisch zugeben und gut anbraten. Die Karottenwürfel dazugeben, Essig, Wein und Fleischbrühe angießen.

3 Das Ragout 10–15 Minuten köcheln lassen, bis die Flüssigkeit auf die Hälfte reduziert ist. Mit Salz und Tabasco würzen und die Kräuter unterheben. Den Backofen auf 200 °C (Umluft 180 °C) vorheizen.

4 Eine Auflaufform mit Butter ausstreichen, eine dünne Schicht Polentabrei einfüllen, die Hackfleischmischung daraufgeben, mit dem restlichen Maisbrei bedecken und glatt streichen. Den Auflauf etwa 20 Minuten backen. Dann den Käse über den Auflauf reiben und weitere 15 Minuten backen, bis der Käse geschmolzen ist.

Gnocchi

mit Rucola und Pilzen

Für 4 Portionen

2 Bund Rucola

1–2 Schalotten

250 g frische Pilze
(Champignons, Pfifferlinge,
Steinpilze)

3 El Olivenöl

Salz

Pfeffer

150 ml Gemüsebrühe

200 g Schmand

50 g Pinienkerne

400 g Gnocchi (Rezept
Seite 110/111)

frisch geriebener Parmesan

Zubereitungszeit: ca. 30 Minuten
(plus Koch- und Garzeit)
Pro Portion ca. 635 kcal/2667 kJ
20 g E, 29 g F, 71 g KH

1 Den Rucola putzen, waschen und trocken schütteln. Die Schalotten schälen und hacken. Die Pilze putzen, waschen und abtropfen lassen.

2 Das Öl in einer Pfanne erhitzen und die Zwiebeln darin glasig schwitzen. Die Pilze zugeben und mitschwitzen. Den Rucola in die Pfanne geben und kurz anschwitzen. Mit Salz und Pfeffer abschmecken.

3 Die Brühe angießen und alles etwa 10 Minuten bei geringer Temperatur köcheln lassen, bis die Brühe fast verkocht ist. Dann den Schmand einrühren, bis eine sämige Sauce entstanden ist. In einer zweiten Pfanne die Pinienkerne ohne Fett rösten.

4 Die Gnocchi in kochendem Salzwasser ca. 4 Minuten garen, dann mit einer Schaumkelle herausheben, abtropfen lassen und auf Tellern anrichten. Die Sauce darübergießen und mit Parmesan und Pinienkernen bestreut servieren.

Polenta

mit Sardellen

Für 4 Portionen

- 0 g Maisgrieß
- alz
- eingelegte Sardellenfilets
- 0 g Butter
- g frisch geriebener armesan
- ett für die Form

bereitungszeit: ca. 25 Minuten
us Koch- und Backzeit)
o Portion ca. 515 kcal/2163 kJ
g E, 29 g F, 46 g KH

1 In einem großen Topf 1 l Salzwasser zum Kochen bringen und den Maisgrieß einrieseln lassen. Den Grieß unter Rühren etwa 40 Minuten köcheln, bis er gequollen ist und sich vom Topfboden löst.

2 Den Backofen auf 225 °C (Umluft 200 °C) vorheizen. Eine feuerfeste Form mit Butter ausstreichen. Den Grieß in die Form geben und glatt streichen.

3 Die Sardellenfilets kalt abspülen, trocken tupfen und klein schneiden, über der Polenta verteilen. Die Butter zerlassen und die Hälfte über die Sardellen geben. Dann die Hälfte des Parmesans darüberstreuen. Im Backofen 10 Minuten überbacken.

4 Die restliche Butter und den restlichen Parmesan zur Polenta reichen. Als Beilage zu Fleischgerichten oder als Hauptmahlzeit mit einem Salat servieren.

Käsenocken
mit Appenzeller

Für 4 Portionen

- 0 g Weißbrot
- 0 ml Milch
- alz
- Pfeffer
- Tl edelsüßes Paprikapulver
- Frühlingszwiebeln
- El Öl
- 00 g Appenzeller
- Eier
- El Mehl
- El Butter
- 0 g frisch geriebener Parmesan
- El frisch gehackter Schnittlauch

Zubereitungszeit: ca. 30 Minuten
(plus Dünst- und Garzeit)
Pro Portion ca. 292 kcal/1226 kJ
6 g E, 15 g F, 22 g KH

1 Das Brot in Würfel schneiden und mit der warmen Milch übergießen. Mit den Gewürzen mischen. Die Frühlingszwiebeln putzen, waschen und in feine Ringe schneiden. Im heißen Öl 2 Minuten dünsten.

2 Den Käse fein reiben. Die Frühlingszwiebeln, die Eier, das Mehl und den Käse zum Brot geben und alles zu einem festen Teig verarbeiten. Den Teig etwa 30 Minuten abgedeckt ruhen lassen.

3 Reichlich Salzwasser in einem großen Topf zum Kochen bringen. Mit nassen Händen aus dem Teig längliche Rollen formen und daraus Nocken schneiden. Im Wasser 4 Minuten ziehen lassen.

4 Die Butter in einer Pfanne schmelzen, die Nocken darin schwenken, mit Parmesan und Schnittlauch bestreut servieren.

Kartoffelknödel
mit Käsesauce

Für 4 Portionen
500 g Kartoffeln
Salz
100 g Ricotta
150 g Mehl
2 Eigelb
Pfeffer
gemahlene Muskatnuss

Für die Käsesauce
100 g Bergkäse
125 ml Sahne
100 ml Hühnerbrühe
50 ml Weißwein
Salz
Pfeffer
gemahlene Muskatnuss
100 g getrocknete Tomaten
in Öl
50 g schwarze Oliven
ohne Stein
2 El frisch gehackter
Schnittlauch

Zubereitungszeit: ca. 30 Minuten
(plus Ruhe- und Garzeit)
Pro Portion ca. 537 kcal/2255 kJ
19 g E, 28 g F, 48 g KH

1 Die Kartoffeln waschen, in wenig gesalzenem Wasser etwa 20 Minuten kochen, abgießen und ausdämpfen lassen. Dann schälen und zerstampfen.

2 Den Kartoffelbrei mit Ricotta, Mehl, Eigelb und den Gewürzen zu einem festen Teig verarbeiten. Den Kartoffelteig etwa 30 Minuten abgedeckt ruhen lassen. Aus dem Teig mit feuchten Händen tischtennisballgroße Knödel formen und in kochendem Salzwasser etwa 7 Minuten garen.

3 Für die Sauce den Käse reiben. Die Sahne mit der Brühe und dem Wein in einem Topf erhitzen und den Käse unter Rühren darin schmelzen lassen. Mit Salz, Pfeffer und Muskatnuss abschmecken.

4 Die getrockneten Tomaten abtropfen lassen und würfeln. Die Oliven hacken. Die Kartoffelknödel auf Tellern mit der Käsesauce anrichten und mit den Tomatenwürfeln und gehackten Oliven garnieren. Mit Schnittlauch bestreut servieren.

Speckknödel
mit Schnittlauch

Für 4 Portionen

6 Brötchen

250 ml Milch

250 g Bauchspeck

3 El frisch gehackter
Schnittlauch

3 Eier

3 El Mehl

Salz

Pfeffer

Zubereitungszeit: ca. 20 Minuten
(plus Ruhe-, Brat- und Garzeit)
Pro Portion ca. 807 kcal/3389 kJ
15 g E, 63 g F, 44 g KH

1 Die Brötchen in feine Würfel schneiden und mit der erwärmten Milch 10 Minuten einweichen. Den Speck in Würfel schneiden und in einer Pfanne knusprig rösten. Auf Küchenpapier abtropfen lassen.

2 Ausgedrückte Brötchen mit Speck, Schnittlauch, Eiern und Mehl vermengen. Nach Bedarf etwas von der Milch zugeben. Den Teig mit Salz und Pfeffer abschmecken und 20 Minuten ruhen lassen.

3 In einem Topf Salzwasser zum Kochen bringen. Aus dem Teig mit angefeuchteten Händen Knödel formen und im kochenden Wasser garen, bis sie an die Oberfläche steigen. Abtropfen lassen und als Beilage zu Fleisch servieren.

Teigknödel
mit Hackfleischfüllung

Für 4 Portionen

250 g Dinkelmehl, Typ 1050
250 g Weizenmehl, Typ 450
2 Eigelb
1 Tl Öl
Salz
125 ml Milch

Für die Füllung

1 Zwiebel
1 Knoblauchzehe
300 g Schweinehackfleisch
Salz
Pfeffer
1 El frisch gehackte
Petersilie

Zubereitungszeit: ca. 20 Minuten
(plus Ruhe- und Garzeit)
Pro Portion ca. 695 kcal/2919 kJ
28 g E, 23 g F, 91 g KH

1 Die Mehlsorten in eine Schüssel sieben und mit den Eigelben, dem Öl und etwas Salz verrühren. Nach und nach die Milch und die gleiche Menge Wasser zugeben und einen festen Teig bereiten. Den Teig abgedeckt etwa 1 Stunde ruhen lassen.

2 Für die Füllung die Zwiebel und den Knoblauch schälen und fein hacken. Beides mit dem Hackfleisch mischen und mit Salz und Pfeffer würzen. Die Petersilie unterheben.

3 Vom Teig kleine Stücke abnehmen, flach drücken und 1 Tl Füllung hineingeben. Den Teig zusammendrücken und zu einer Kugel formen. Die Klöße in kochendem Salzwasser etwa 10 Minuten garen. Sie schmecken gut zu Krautgerichten.

Schlipfkrapfen
mit Graukäse

Für 4 Portionen

je 150 g Roggen- und
Weizenmehl
Salz
3 El Butter
Mehl für die Arbeitsfläche

Für die Füllung

200 g Kartoffeln
Salz
1 Zwiebel
1 El Olivenöl
150 g Topfen (Quark)
150 g Graukäse
Pfeffer
1/2 Tl getrockneter Thymian
Butter
Paniermehl

Zubereitungszeit: ca. 30 Minuten
(plus Ruhe-, Schmor- und Garzeit)
Pro Portion ca. 552 kcal/2318 kJ
23 g E, 13 g F, 81 g KH

1 Aus den beiden Mehlsorten, Salz, Butter und ca. 250 ml Wasser einen festen Teig bereiten und etwa 30 Minuten ruhen lassen.

2 Die Kartoffeln in der Schale in wenig gesalzenem Wasser etwa 20 Minuten garen.

3 Dann abgießen, abtropfen lassen und pellen. Noch heiß durch die Kartoffelpresse drücken. Die Zwiebel schälen, hacken und im Öl glasig schmoren. Zwiebel, Topfen und zerbröselten Graukäse unter das Kartoffelpüree mischen. Mit Salz, Pfeffer und Thymian würzen.

4 Den Teig auf einer bemehlten Arbeitsfläche ausrollen und in zwei Teile teilen. Die Füllung in Abständen auf die untere Teigplatte verteilen. Mit der oberen Teigplatte abdecken. Mit einem Glas runde Krapfen ausstechen und die Ränder festdrücken.

5 Die Schlipfkrapfen in kochendem Salzwasser etwa 10 Minuten garen. Mit geschmolzener Butter und geröstetem Paniermehl bestreuen.

Tiroler Tirtln
mit Parmesan

Für 4 Portionen

300 g Mehl

3 Eier

Salz

Milch nach Bedarf

Mehl für die Arbeitsfläche

Für die Füllung

3 El frisch geriebener Parmesan

250 g Topfen (Magerquark)

2 El Schmand

3 El frisch gehackte gemischte Kräuter

Salz

Pfeffer

gemahlene Muskatnuss

1 Eiweiß

100 g Butterschmalz

Zubereitungszeit: ca. 20 Minuten
(plus Ruhe- und Backzeit)
Pro Portion ca. 657 kcal/2759 kJ |
26 g E, 35 g F, 57 g KH

1 Aus Mehl, Eiern, Salz und Milch einen festen Teig bereiten. Nach Bedarf noch etwas Milch hinzufügen. Den Teig mit den Händen durchkneten, bis er glänzt. 30 Minuten ruhen lassen.

2 Den Parmesan mit Topfen, Schmand, Kräutern, Salz, Pfeffer und Muskat vermischen. Den Teig auf einer bemehlten Arbeitsfläche dünn ausrollen und mit einem Glas Kreise ausstechen. Auf jeden Kreis 1 El Füllung geben und eine zweite Teigscheibe daraufsetzen.

3 Das Eiweiß mit Wasser verquirlen und die Ränder der Teigkreise damit einstreichen. Das Butterschmalz in einem Topf erhitzen. Die Tirteln im heißen Fett von beiden Seiten goldbraun backen. Auf Küchenpapier abtropfen lassen und heiß mit Kartoffelbrei servieren.

Spinatnocken
mit Zwiebeln

Für 4 Portionen
500 g Spinat
Salz
Pfeffer
gemahlene Muskatnuss
3 Eier
400 g Mehl
250 ml Milch
1 Zwiebel
50 g Butter
125 ml Sahne
frisch geriebener Käse

Zubereitungszeit: ca. 30 Minuten
(plus Gar- und Schmorzeit)
Pro Portion ca. 672 kcal/2822 kJ
22 g E, 29 g F, 77 g KH

1 Den Spinat putzen, waschen und ohne ihn trocken zu schütteln in einem Topf unter Rühren zusammenfallen lassen. Den Spinat aus dem Topf nehmen, abtropfen lassen und pürieren.

2 Das Spinatpüree mit den Gewürzen, den Eiern, dem Mehl und so viel Milch vermengen, dass ein nicht sehr fester Teig entsteht.

3 In einem Topf reichlich Salzwasser zum Kochen bringen. Den Teig durch eine Spätzlepresse ins kochende Wasser drücken oder von Hand Spätzle schaben. Wenn die Spätzle oben schwimmen, aus dem Wasser holen und in einem Sieb abtropfen lassen.

4 Die Zwiebel schälen und fein hacken. In der heißen Butter glasig schmoren. Die Sahne zugeben und etwas einkochen. Die Spinatnocken darin wenden. Mit geriebenem Käse bestreut servieren.

Fleisch, Wild & Geflügel

Lammkoteletts
in Marsala

Für 4 Portionen

12 Lammkoteletts (ca. 600 g)
3 El Olivenöl
Salz
Pfeffer
3 Schalotten
2 Knoblauchzehen
50 ml Marsala
5 getrocknete Tomaten in Öl
50 g schwarze Oliven ohne Stein

Zubereitungszeit: ca. 20 Minuten
(plus Schmorzeit)
Pro Portion ca. 307 kcal/1289 kJ
43 g E, 13 g F, 1 g KH

1 Die Lammkoteletts waschen und trocken tupfer Das Öl in einer Pfanne erhitzen und das Fleisc darin von jeder Seite etwa 2 Minuten anbrater Leicht mit Salz und Pfeffer würzen. Dann bei gerin ger Temperatur noch 1 Minute weiterbraten. Di Lammkoteletts aus der Pfanne nehmen und beiseit stellen.

2 Die Schalotten und den Knoblauch schälen un fein hacken. In die Pfanne geben und hell an schwitzen. Den Marsala hinzufügen und unter Rüh ren den Bratensatz loskochen. Die Tomaten abtrop fen lassen, würfeln, dazugeben und alles 5 Minute köcheln.

3 Die Oliven hacken und zugeben. Die Sauce mi Salz und Pfeffer abschmecken. Den ausgelau fenen Fleischsaft zugeben und die Koteletts noch mals kurz in der Sauce erhitzen. Mit Risotto un Gemüse nach Wahl servieren.

Gekochtes Rindfleisch
in Kräutercreme

Für 4 Portionen

800 g Rindfleisch zum
Kochen
1 Zwiebel
1 Bund Suppengemüse
Salz
Pfefferkörner

Für die Kräutercreme

100 g Mayonnaise
100 g Crème fraîche
3 Gewürzgurken
1 Tl Kapern
2 El frisch gehackte
Petersilie
2 El frisch gehackter
Schnittlauch

Zubereitungszeit: ca. 30 Minuten
(plus Garzeit)
Pro Portion ca. 312 kcal/1310 kJ
6 g E, 30 g F, 4 g KH

1 Das Fleisch waschen und in einen Topf mit so viel Wasser geben, dass es bedeckt ist. Die Zwiebel schälen und würfeln. Das Suppengemüse putzen, waschen, nach Bedarf schälen und würfeln.

2 Die Zwiebel mit dem Suppengemüse, Salz und Pfeffer in den Topf geben und alles zum Kochen bringen. Das Fleisch etwa 2 Stunden sanft köcheln.

3 Für die Kräutercreme die Mayonnaise mit der Crème fraîche, den gehackten Gewürzgurken und Kapern verrühren und die Kräuter unterheben.

4 Das Fleisch aus der Brühe nehmen, abtropfen lassen und quer zur Faser in dünne Scheiben schneiden. Mit der Kräutercreme und Röstkartoffeln servieren.

Rindergulasch
mit Speckknödeln

Für 4 Portionen

400 g Zwiebeln
40 g Butterschmalz
800 g Rindergulasch
2 El Tomatenmark
2 El edelsüßes Paprikapulver
1 l Fleischbrühe
1/2 El Kümmel
1/2 El getrockneter Majoran
2 Knoblauchzehen
2 El frisch gehackte
Petersilie

Zubereitungszeit: ca. 30 Minuten
(plus Schmorzeit)
Pro Portion ca. 447 kcal/1877 kJ
41 g E, 28 g F, 7 g KH

1 Den Backofen auf 150 °C (Umluft 130 °C) vorheizen. Die Zwiebeln schälen und fein hacken. Das Butterschmalz in einem Bräter erhitzen und die Zwiebeln darin unter Rühren glasig schwitzen. Die Fleischwürfel waschen, trocken tupfen und in die Pfanne geben. Unter Rühren von allen Seiten anbraten. Das Tomatenmark hinzufügen und mitbraten. Mit Paprikapulver bestäuben.

2 Die Fleischbrühe angießen und Kümmel sowie Majoran hinzufügen. Das Gulasch abgedeckt im Ofen etwa 2 Stunden schmoren. 30 Minuten vor Ende der Garzeit die geschälten Knoblauchzehen zum Gulasch geben.

3 Die Petersilie unter das Gulasch rühren und mit Speckknödeln servieren.

Rinderbraten
in Rotwein

Für 4 bis 6 Portionen

200 g Karotten
200 g Sellerie
100 g Zwiebeln
150 g Tomaten
1 kg Rinderbraten aus der Keule
Salz
Pfeffer
40 g Butterschmalz
3 Knoblauchzehen
1 El Tomatenmark
2 Nelken
1 Rosmarinzweig
1 Lorbeerblatt
500 ml Rotwein
500 ml Fleischbrühe
2 El frisch gehackter Schnittlauch

Zubereitungszeit: ca. 30 Minuten
(plus Schmorzeit)
Pro Portion ca. 373 kcal/1566 kJ
34 g E, 21 g F, 5 g KH

1 Die Karotten und den Sellerie putzen, schälen und grob würfeln. Die Zwiebeln schälen und würfeln. Die Tomaten waschen, von den Stielansätzen befreien und achteln. Das Fleisch waschen, trocken tupfen und mit Salz und Pfeffer einreiben.

2 Das Butterschmalz in einem Bräter erhitzen und das Fleisch von allen Seiten darin anbraten. Inzwischen die Knoblauchzehen schälen und würfeln. Das Tomatenmark zum Fleisch geben und anrösten. Dann Karotten und Sellerie, Zwiebeln, Knoblauch und Gewürze dazugeben und mitrösten. Den Wein und die Brühe angießen. Den Braten abgedeckt bei mittlerer Temperatur etwa 2 Stunden schmoren.

3 Das Fleisch aus dem Bräter nehmen und warm stellen. Die Sauce durch ein Sieb streichen und sämig einkochen. Das Fleisch in Scheiben schneiden. Mit der Sauce und Schnittlauchröllchen servieren. Die Tomatenachtel dazulegen. Zum Rinderbraten passen Knödel oder Nudeln.

Hirschsteak
mit Bratapfel

Für 4 Portionen

2 kleine Äpfel
4 Tl Holundergelee
8 Mandeln
25 g Butter
50 ml Weißwein

Für die Hirschsteaks

4 Hirschrückensteaks
à 180 g
2 El Öl
Salz
Pfeffer
1 Rosmarinzweig
2 Wacholderbeeren
1 Petersilienstängel
1 Thymianzweig
1 cl Cognac
1 El kalte Butter

Zubereitungszeit: ca. 30 Minuten
(plus Brat- und Kochzeit)
Pro Portion ca. 462 kcal/1940 kJ
41 g E, 27 g F, 10 g KH

1 Den Backofen auf 200 °C (Umluft 180 °C) vorheizen. Die Äpfel waschen, schälen und halbieren. Das Kerngehäuse herausschneiden und das Holundergelee in die Öffnung füllen. Mit je 2 Mandeln und einer Butterflocke belegen und in einer Pfanne im Ofen 10 bis 15 Minuten braten. Den Wein nach und nach dazugießen.

2 Die Hirschsteaks waschen und trocken tupfen. Aus Öl, Salz, Pfeffer, den Gewürzen und Kräutern eine Marinade herstellen und das Fleisch darin 1 Stunde marinieren. Die Steaks herausnehmen und in einer heißen Pfanne von allen Seiten scharf anbraten. Das Fleisch in der Pfanne für etwa 5 Minuten in den vorgeheizten Backofen geben.

3 Das Fleisch aus der Pfanne nehmen und warm stellen. Den Bratensatz mit dem Cognac ablöschen und die Sauce mit der kalten Butter binden. Die Hirschsteaks mit der Sauce und den halben Bratäpfeln anrichten. Dazu Rösti servieren.

Lammrücken
auf Linsengemüse

Für 4 Portionen

800 g Lammrücken,
ohne Wirbel-, aber mit
Rippenknochen
Salz
Pfeffer
3 El Olivenöl
2 Frühlingszwiebeln
200 g kleine Linsen
4 Tomaten
250 ml Gemüsebrühe
150 ml trockener Weißwein
150 ml Lammfond
25 g Butter
2 El frisch gehacktes
Basilikum

Zubereitungszeit: ca. 30 Minuten
(plus Gar- und Kochzeit)
Pro Portion ca. 582 kcal/2444 kJ
70 g E, 17 g F, 29 g KH

1 Den Backofen auf 110 °C (Umluft 90 °C) vorheizen. Das Lammfleisch waschen, trocken tupfen die Rippen säubern und das Fleisch mit Salz und Pfeffer einreiben.

2 2 El Öl in einem Bräter erhitzen und den Lammrücken darin von allen Seiten gut anbraten. Der Bräter in den Ofen stellen und das Fleisch etwa 30 Minuten garen.

3 Die Frühlingszwiebeln putzen, waschen und in Ringe schneiden. Das restliche Öl erhitzen und die Zwiebelringe darin anschwitzen. Die Linsen waschen, abtropfen lassen und dazugeben. Die Tomaten waschen, heiß überbrühen, von den Stielansätzen, Häuten und Kernen befreien und hacken. Unter die Linsen rühren. Die Gemüsebrühe angießen und die Linsen etwa 20 Minuten kochen.

4 Das Fleisch aus dem Bräter nehmen und in Scheiben schneiden. Den Bratensatz mit Wein und Fond lösen und etwas einkochen. Die Butter einrühren und abschmecken.

5 Das Linsengemüse auf Teller verteilen und die Fleischstücke darauflegen. Die Sauce darübergeben. Mit Basilikum garnieren.

Zwiebelrostbraten
mit Roastbeef

Für 4 Portionen

Zwiebeln
Scheiben Roastbeef
(ca. 2 cm dick)
Pfeffer
El Butterschmalz
Salz
El Butter
El Mehl
1/2 Bund frisch gehackte
Petersilie

Zubereitungszeit: ca. 20 Minuten
(plus Brat- und Röstzeit)
Pro Portion ca. 370 kcal/1554 kJ
36 g E, 18 g F, 5 g KH

1 Den Backofen auf 100 °C (Umluft 80 °C) vorheizen. Die Zwiebeln schälen und in dünne Ringe schneiden. Das Fleisch kalt abwaschen, trocken tupfen und von beiden Seiten kräftig mit Pfeffer einreiben.

2 Das Butterschmalz in einer großen Pfanne erhitzen und die Roastbeefscheiben darin von beiden Seiten kräftig anbraten. Salzen und bei etwas geringerer Temperatur noch etwa 4 Minuten braten, dann aus der Pfanne nehmen und abgedeckt im vorgeheizten Ofen warm halten.

3 Die Butter in der Pfanne schmelzen und die Zwiebelringe darin braun rösten. Ganz leicht mit Mehl bestäuben und die Petersilie dazugeben, mit Salz und Pfeffer würzen.

4 Die Fleischscheiben auf Teller legen und die Zwiebelmischung darauf verteilen. Dazu passen Röstkartoffeln und Salat.

Kalbsrücken
mit Meerrettichkruste

Für 4 Portionen

4 Kalbsrückensteaks
(ca. 2,5 cm dick)
2 Knoblauchzehen
1 Rosmarinzweig
2 Salbeizweige
1 Thymianzweig
3 El Olivenöl
Salz
Pfeffer

Für die Meerrettichkruste

30 g Butter
2 Eigelb
50 g Paniermehl
50 g frisch geriebener
Pecorino
2 El frisch geriebener
Meerrettich
100 g fein geriebene Karotte
1 El Sonnenblumenöl
Salz
Pfeffer
1 El frisch gehackter Dill

Zubereitungszeit: ca. 20 Minuten
(plus Brat- und Backzeit)
Pro Portion ca. 382 kcal/1604 kJ
37 g E, 26 g F, 12 g KH

1 Das Fleisch waschen und trocken tupfen. Di Knoblauchzehen schälen und hacken. Die Kräu ter waschen und trocken schütteln.

2 Das Öl in einer Pfanne erhitzen und die Kalbs steaks darin von beiden Seiten etwa 2 Minute braten, damit sie innen noch rosa sind. Den Knob lauch und die Kräuter mitbraten. Das Fleisch wür zen, aus der Pfanne nehmen und warm stellen.

3 Die Zutaten für die Kruste miteinander verrüh ren und auf den Kalbssteaks verteilen. (Wenn es zu viel Kruste gibt, die Reste zu einer Rolle for men und in Folie im Kühlschrank aufbewahren.) Di Steaks mit Kruste unter dem heißen Grill goldbrau und knusprig backen.

Taubenbrust
mit gemischtem Spargel

Für 4 Portionen

500 g weißer Spargel
500 g grüner Spargel
Salz
4 Taubenbrüste ohne
Knochen
3 El Olivenöl
4 El Butter
3 Knoblauchzehen
1 El getrocknete Kräuter der
Provence
150 ml Rotwein
50 ml Sherry
125 ml dunkler Fond

Zubereitungszeit: ca. 40 Minuten
(plus Gar-, Brat- und Kochzeit)
Pro Portion ca. 535 kcal/2247 kJ
29 g E, 39 g F, 7 g KH

1 Den Spargel waschen, die weißen Stangen schä len, die holzigen Enden abschneiden. Den grü nen Spargel nur im unteren Drittel schälen. Beide Spargelsorten in kochendem Salzwasser 8 (grüner bzw. 12 (weißer) Minuten garen. Abgießen, abtropfen lassen und warm stellen.

2 Den Backofen auf 120 °C (Umluft 100 °C) vorhei zen. Die Taubenbrüste waschen und trocken tupfen. Das Olivenöl mit 1 El Butter in einer Pfanne erhitzen und die Taubenbrüste darin von beiden Sei ten knusprig braten. Den Knoblauch schälen, pres sen und mit den Kräutern dazugeben. Die Tauben brüste in Alufolie wickeln und im ausgeschalteten, noch warmen Ofen ca. 5 Minuten nachgaren.

3 Den Bratensatz mit Rotwein ablöschen, etwas reduzieren, dann Sherry und Fond angießen und die Sauce sämig einkochen. Mit der restlichen Butter aufschlagen. Die Taubenbrüste mit der Sauce und dem Spargel anrichten. Dazu passen Nudeln.

chweinebraten
aus Salzburg

ür 4 Portionen

kg Jungschweinebrust,
om Metzger eine Tasche
ineinschneiden lassen
alz
feffer
emahlener Kümmel
00 g Bratwurstbrät
0 g Bauchspeck
00 g roher Schinken
El Mehl
00 ml Fleischbrühe

Zubereitungszeit: ca. 20 Minuten
plus Garzeit)
Pro Portion ca. 802 kcal/3368 kJ
0 g E, 57 g F, 2 g KH

1 Das Fleisch waschen, trocken reiben, innen und außen mit Salz, Pfeffer und Kümmel einreiben. Das Bratwurstbrät mit einer Gabel zerteilen, den Speck und Schinken in feine Würfel schneiden und mit dem Brät mischen.

2 Die Füllung in die Schweinebrust geben und mit Küchengarn verschließen. Mit der Schwartenseite nach unten in einen etwa 1–2 cm hoch mit Wasser gefüllten Bräter legen und 30 Minuten abgedeckt schmoren.

3 Die Brust umdrehen und die Schwartenseite knusprig braten. Mehrmals mit dem Bratensaft begießen. Nach der Garzeit das Fleisch aus dem Bräter nehmen und warm stellen. Den Bratfond entfetten, Mehl einrühren, die Fleischbrühe angießen und aufkochen.

4 Den Braten in Scheiben schneiden und mit der Sauce und Knödeln servieren.

Steirisches Wurzelfleisch
mit Meerrettich

Für 4 Portionen

800 g Schweinefleisch,
Schulter oder Bauchfleisch
mit Schwarte
1 Knoblauchzehe
1 Zwiebel
1 Lorbeerblatt
5 Pfefferkörner
5 Pimentkörner
1 Tl Kümmel
1 Majoranzweig
2 Petersilienzweige
Salz
Pfeffer
2 Bund Suppengemüse
3 Kartoffeln
3 El Weinessig
1/2 Meerrettichwurzel

Zubereitungszeit: ca. 30 Minuten
(plus Garzeit)
Pro Portion ca. 460 kcal/1932 kJ
45 g E, 18 g F, 27 g KH

1 Das Fleisch waschen und trocken reiben. : einen großen Topf geben, Knoblauch und Zwieb schälen und beides halbiert zum Fleisch geben. D Gewürze in ein Säckchen füllen und dazugeben. D Kräuter waschen und zum Fleisch geben. Mit Wasse auffüllen und mit Salz und Pfeffer würzen. Da Fleisch etwa 1 Stunde 30 Minuten garen. Dann au dem Topf nehmen.

2 Das Suppengemüse putzen, waschen, nac Bedarf schälen und würfeln. Mit den geschälte und gewürfelten Kartoffeln in die Fleischbrüh geben und in etwa 20 Minuten garen. Herausneh men. Etwa 300 ml Kochsud abgießen und mit der Essig verfeinern.

3 Das Fleisch in Scheiben schneiden, mit der Gemüse, dem gesäuerten Sud und frisch gerie benem Meerrettich servieren.

Prasselfleisch

Für 4 Portionen

500 g Schweinefilet
2 El Maisstärke
3 El Butterschmalz
Salz
Pfeffer
125 ml Sahne
125 ml Fleischbrühe
1 El frisch gehackter Kerbel

Zubereitungszeit: ca. 20 Minuten
(plus Bratzeit)
Pro Portion ca. 295 kcal/1239 kJ
24 g E, 19 g F, 5 g KH

1 Das Filet waschen, trocken tupfen und in dünne Scheiben schneiden. Die Scheiben mit der Maisstärke überziehen.

2 Das Butterschmalz in einer Pfanne erhitzen und die Fleischscheiben darin unter Wenden ca. 2 Minuten von jeder Seite braten. Das Fleisch mit Salz und Pfeffer würzen.

3 Sahne und Brühe angießen und etwas einkochen lassen. Die Sauce abschmecken und das Prasselfleisch mit Kerbel bestreut servieren. Dazu frisches Brot oder Salat reichen. Als Hauptgericht mit Nudeln servieren.

Kapuzinerfleisch
mit Kalbsnieren

Für 4 Portionen
750 g Kalbsnierenbraten
2 Kalbsnieren
Salz
Pfeffer
2 El getrocknetes Basilikum
4 El Butterschmalz
250 ml Weißwein
250 g grüne Bohnen
1 Knoblauchzehe
200 g Bauchspeck
500 ml Rinderfond

Zubereitungszeit: ca. 30 Minuten
(plus Brat- und Garzeit)
Pro Portion ca. 795 kcal/3339 kJ
49 g E, 62 g F, 4 g KH

1 Das Fleisch und die Nieren waschen, trocken tupfen, die Nieren von Fett und Sehnen befreien und in Würfel schneiden. In den Nierenbraten in der Mitte eine Tasche schneiden. Die Nieren in die Tasche geben, den Braten mit Salz, Pfeffer und Basilikum einreiben und mit Küchengarn umwickeln.

2 Das Butterschmalz in einem Bräter erhitzen und den Braten darin von allen Seiten gut anbraten. Den Wein angießen. Die Bohnen putzen, waschen, klein schneiden, die Knoblauchzehe schälen und hacken. Den Speck in dünne Streifen schneiden. Alles zum Fleisch geben, die Hälfte des Rinderfonds zugießen und abgedeckt etwa 55 Minuten schmoren, bis das Fleisch gar ist. Nach Bedarf noch etwas Rinderfond zugeben. Küchengarn entfernen und den Braten in Scheiben schneiden.

3 Das Kapuzinerfleisch mit Erdäpfelpüree und gebratenen Zwiebelringen servieren.

Mariniertes Kaninchen
mit Kartoffelkuchen

Für 4 Portionen

1 Kaninchenrücken ohne
Knochen
2 El Weißweinessig
5 El Olivenöl
Salz
Pfeffer
2 El Crème fraîche
4 große Kartoffeln
Sonnenblumenöl

Zubereitungszeit: ca. 25 Minuten
(plus Bratzeit)
Pro Portion ca. 477 kcal/2003 kJ
33 g E, 24 g F, 30 g KH

1 Den Kaninchenrücken waschen, trocken reiben und quer in dünne Scheiben schneiden. Mit dem Fleischklopfer flach klopfen und auf einer Platte anrichten.

2 Essig, Olivenöl, Salz und Pfeffer gut verquirlen und über die Kaninchenscheiben geben. Die Crème fraîche dekorativ darüber verteilen.

3 Die Kartoffeln schälen, grob reiben und mit Salz und Pfeffer würzen. Aus dem Teig kleine Kuchen formen und im heißen Sonnenblumenöl goldbraun ausbacken. Zum marinierten Kaninchen reichen.

Lammbraten
aus der Steiermark

Für 4 Portionen

1 Lammkeule ohne Knochen
(ca. 1,2 kg)

Salz

Pfeffer

2 Knoblauchzehen

1 Tl getrockneter Salbei

500 g Lammknochen

2 El Öl

1 Zwiebel

1 Bund Suppengemüse

je 5 Pfeffer- und
Pimentkörner

1 Lorbeerblatt

2 Zweige Zitronenmelisse

2 El Paniermehl

1 El frisch gehackte
Petersilie

2 El frisch geriebener
Parmesan

30 g Butter

1 Tl Mehl

1 Tl Tomatenmark

125 ml Rotwein

125 ml Rinderbrühe

Zubereitungszeit: ca. 30 Minuten
(plus Schmor- und Garzeit)
Pro Portion ca. 512 kcal/2150 kJ
75 g E, 17 g F, 7 g KH

1 Den Backofen auf 280 °C (Umluft 260 °C) vorheizen. Das Fleisch waschen, von Haut und Sehnen befreien und trocken tupfen. Mit Salz, Pfeffer, 1 gehackten Knoblauchzehe und dem Salbei einreiben. Die Knochen klein hacken und in einem Bräter im heißen Öl unter Rühren anbraten. Die Zwiebel schälen, das Suppengemüse putzen und hacken, beides würfeln und zu den Knochen geben. Alles einige Minuten schmoren.

2 Die Gewürzkörner und das Lorbeerblatt zugeben und das Fleisch darauflegen. Die Zitronenmelisse waschen, trocken schütteln und das Fleisch damit bedecken. Abgedeckt im Ofen etwa 1 Stunde braten, nach 30 Minuten wenden.

3 Das gegarte Fleisch aus dem Bräter nehmen und auf eine vorgewärmte Platte legen. Den Bratfond abgießen. Paniermehl, Petersilie, Parmesan und die zweite gehackte Knoblauchzehe mischen und den Lammbraten damit einstreichen. Mit Butterflöckchen belegen und im Bräter im Ofen noch etwa 15 Minuten überbacken.

4 Den Bratfond entfetten und in einem Topf aufkochen. Mehl und Tomatenmark einrühren, mit Rotwein und Fleischbrühe aufgießen und sämig einkochen.

Rinderrouladen
mit Kapern

Für 4 Portionen

4 Rinderrouladen

Salz

4 Gewürzgurken

2 El abgetropfte Kapern aus dem Glas

2 El Dijonsenf

4 dünne Scheiben roher Schinken

2 El Butterschmalz

125 ml Rotwein

375 ml Rinderfond

Zubereitungszeit: ca. 20 Minuten (plus Brat- und Schmorzeit)
Pro Portion ca. 305 kcal/1281 kJ
37 g E, 13 g F, 3 g KH

1 Die Rouladen waschen, trocken reiben, auf einer Arbeitsfläche flach klopfen und salzen. Die Gurken längs in Scheiben schneiden. Die Kapern hacken.

2 Die Rouladen dünn mit Senf bestreichen, dann mit je 1 Scheibe Schinken belegen, darauf Gurkenscheiben und Kapern geben. Die Rouladen zusammenrollen und mit Rouladennadeln feststecken. Den Backofen auf 160 °C (Umluft 140 °C) vorheizen.

3 Das Butterschmalz in einer Pfanne erhitzen und die Rouladen darin von allen Seiten gut anbraten. Dann in einen Bräter legen. Den Bratensatz mit Rotwein ablöschen, aufkochen und mit dem Rinderfond über die Rouladen geben. Im Ofen etwa 1 Stunde braten. Die Rouladen mit dem Bratensaft, Rotkraut und Erdäpfelbrei oder Bandnudeln servieren.

Backhendl
einfach köstlich

Für 4 Portionen

1 küchenfertiges Brathuhn
(ca. 1,25 kg)

Salz

Pfeffer

4 El Mehl

3 Eier

Paniermehl

100 g Butterschmalz

Zubereitungszeit: ca. 20 Minuten
(plus Bratzeit)
Pro Portion ca. 705 kcal/2961 kJ
66 g E, 46 g F, 5 g KH

1 Das Huhn innen und außen waschen, trocken tupfen und halbieren. Die Haut abziehen, die Schenkel vom Huhn abtrennen und im Gelenk trennen. Nun noch die Flügel abschneiden, sodass nur noch das kompakte Bruststück übrig ist.

2 Die Hühnerstücke mit Salz und Pfeffer würzen und in Mehl, verquirlten Eiern und in reichlich Paniermehl wenden.

3 Das Butterschmalz in einer hohen Pfanne erhitzen und die panierten Hähnchenteile darin von beiden Seiten etwa 10 Minuten knusprig braten. Danach auf Küchenpapier abtropfen lassen und mit Erdäpfelsalat servieren.

Perlhuhn
auf Ingwerkraut

Für 4 Portionen

2 küchenfertige Perlhühner
Salz
Pfeffer
1 Bund gemischte Kräuter
3 El Öl
75 g Bauchspeck

Für das Rotkraut

1 kleiner Kopf Rotkraut
1 Zwiebel
2 El Butterschmalz
Salz
Pfeffer
4 Nelken
125 ml Rotwein
125 ml Gemüsebrühe
2 El Rotweinessig
1 Tl frisch geriebener Ingwer
1 Tl gemahlener Koriander

Zubereitungszeit: ca. 30 Minuten
(plus Brat- und Schmorzeit)
Pro Portion ca. 605 kcal/2541 kJ
47 g E, 42 g F, 3 g KH

1 Den Backofen auf 250 °C (Umluft 230 °C) vorheizen. Die Perlhühner waschen und trocken tupfen. Mit Salz und Pfeffer einreiben. Die Kräuter waschen, trocken schütteln und die Hälfte davon in die Bauchhöhle der Perlhühner stecken. Das Geflügel in einen mit Öl eingefetteten Bräter legen, restliche Kräuter dazulegen und im Ofen etwa 30 Minuten anbraten. In dieser Zeit mit dem Bratensaft begießen.

2 Die Perlhühner wenden, die Temperatur auf 150 °C (Umluft 130 °C) herunterschalten. Den Speck in Scheiben schneiden und auf das Geflügel legen. Weitere 30 Minuten braten und danach 10 Minuten ruhen lassen.

3 Das Rotkraut waschen und hobeln, die Zwiebel schälen und würfeln. Im heißen Butterschmalz andünsten, das Kraut zugeben und kurz mitschmoren. Mit Salz, Pfeffer und Nelken würzen und etwas Rotwein, Brühe und den Essig zugeben. Das Rotkraut etwa 40 Minuten schmoren. Die restliche Flüssigkeit nach und nach zugießen. Zuletzt mit Ingwer und Koriander abschmecken. Die Perlhühner auf dem Rotkraut anrichten. Dazu Knödel servieren.

Bauernente
mit Krautsalat

Für 4 Portionen

1 küchenfertige Bauernente
(ca. 2 kg)
Salz
Pfeffer
2 El Gänseschmalz
250 ml Geflügelbrühe

Für den Krautsalat

1 kleiner Kopf Weißkraut
1 Tl gemahlener Kümmel
3 El Weißweinessig
2 El Öl
50 g Speck
2 El frisch gehackte
Petersilie

Zubereitungszeit: ca. 30 Minuten
(plus Bratzeit)
Pro Portion ca. 1002 kcal/4208 kJ
69 g E, 80 g F, 2 g KH

1 Den Backofen auf 250 °C (Umluft 230 °C) vorheizen. Die Ente waschen, trocken reiben und inner und außen mit Salz und Pfeffer einreiben. Mit flüssigem Gänseschmalz einreiben und mit der Brust nach unten in einen Bräter legen. Im Ofen ca. 30 Minuten backen, danach die Temperatur auf 180 °C (Umluft 160 °C) herunterschalten und die Ente weitere 1 Stunde 30 Minuten backen. Dabei mit der Geflügelbrühe und Bratensaft begießen.

2 Für den Salat den Krautkopf waschen, hobeln und in einer Schüssel mit Salz, Pfeffer, Kümmel, Essig und Öl mischen. Mit den Händen gut durchkneten, sodass sich das Dressing verteilt. Den Speck würfeln, in einer Pfanne knusprig braten und über das Kraut gießen. Petersilie unterheben.

3 Die Bauernente mit Knödeln und Krautsalat servieren.

Wachteln
im Speckmantel

Für 4 Portionen

4 küchenfertige Wachteln
Salz
Pfeffer
getrockneter Salbei
8 Gewürznelken
4 kleine Stücke Zimtstange
4 Speckscheiben
60 g Butterschmalz

Zubereitungszeit: ca. 20 Minuten
(plus Bratzeit)
Pro Portion ca. 657 kcal/2759 kJ
38 g E, 38 g F, 39 g KH

1 Den Backofen auf 230 °C (Umluft 200 °C) vorhei‹ zen. Die Wachteln waschen, trocken reiben, inne‹ und außen mit Salz, Pfeffer und Salbei einreiben. M‹ Nelken und Zimtstücken spicken und mit den Speck‹ scheiben umwickeln.

2 Die Wachteln in einem Bräter im heißen Butter‹ schmalz anbraten, dann im Backofen 15–20 Mi‹ nuten backen. Mehrfach mit Bratensaft und heißem Wasser übergießen und die Wachteln knuspri‹ braun werden lassen. Vor dem Servieren Nelken und Zimtstücke aus den Wachteln entfernen. Gebackene Wachteln auf Polentaschnitten servieren. Dazu grü‹ nes Gemüse reichen.

Fisch & Meeresfrüchte

Fischgulasch vom Waller
mit Spitzkohlpüree

Für 4 Portionen

400 g Wallerfilet
2 Schalotten
1 kleiner Spitzkohl
1 Knoblauchzehe
2 El Olivenöl
3 El edelsüßes Paprikapulver
100 ml Gemüsebrühe
2 El trockener Weißwein
Salz
Pfeffer
100 ml Fischfond
2 El Crème fraîche
Zitronensaft nach
Geschmack

Zubereitungszeit: ca. 30 Minuten
(plus Schmor- und Garzeit)
Pro Portion ca. 138 kcal/579 kJ
19 g E, 5 g F, 2 g KH

1 Das Fischfilet waschen und in mundgerechte Würfel schneiden. Die Schalotten schälen und in feine Ringe schneiden, den Kohl putzen, waschen und in dünne Streifen schneiden. Die Knoblauchzehe schälen und fein hacken.

2 Das Öl in einer Pfanne erhitzen und den Knoblauch mit den Schalotten darin anschwitzen. Die Spitzkohlstreifen hinzufügen und das Paprikapulver darüberstäuben. Die Gemüsebrühe mit dem Wein angießen und das Gemüse etwa 5 Minuten schmoren. Den Kohl anschließend mit Salz und Pfeffer abschmecken und pürieren.

3 Die Fischstücke im heißen Fischfond 3 Minuten gar ziehen lassen. Dann herausnehmen und würzen. Auf dem Spitzkohlpüree anrichten. Die Crème fraîche mit Salz, Pfeffer und etwas Zitronensaft mischen und esslöffelweise darübergeben. Dazu passen in Butter geschwenkte Kartoffeln.

Gebeizter Saibling
mit Kartoffeln

Für 4 Portionen

4 Saiblingsfilets (ca. 400 g)
1/2 Bund frisch gehackter Kerbel
1/2 Bund frisch gehackter Dill
1 El Pfefferkörner
1 El Korianderkörner
1 El Senfkörner
1 Tl abgeriebene Schale von 1 unbehandelten Orange
75 g Salz
75 g Zucker
2 Kartoffeln
Pfeffer
getrocknete Kräuter
7 El Olivenöl
2 El Orangensaft

Zubereitungszeit: ca. 30 Minuten
(plus Zeit zum Marinieren und Backzeit)
Pro Portion ca. 257 kcal/1079 kJ
21 g E, 11 g F, 17 g KH

1 Die Fischfilets waschen, trocken tupfen, in eine Schale legen und mit den Kräutern bestreuen. Die Gewürzkörner mit der Orangenschale im Mörser zerkleinern, mit Salz und Zucker mischen und ebenfalls auf die Fischfilets geben. Die Filets mit Folie abdecken und mindestens 8 Stunden im Kühlschrank durchziehen lassen, dabei öfter wenden.

2 Den Backofen auf 180 °C (Umluft 160 °C) vorheizen. Die Kartoffeln waschen, schälen und in dünne Scheiben schneiden. Gut trocken tupfen. Die Kartoffelscheiben auf ein Backblech legen, mit Salz, Pfeffer und Kräutern bestreuen und mit 5 El Olivenöl beträufeln. Im Ofen etwa 25 Minuten knusprig backen.

3 Das restliche Olivenöl mit Orangensaft, Salz und Pfeffer verrühren. Die Saiblingsfilets aus der Marinade nehmen, gut abspülen und trocken tupfen. Schräg in Scheiben schneiden und mit dem Orangenöl beträufeln. Abwechselnd mit den Kartoffelchips auf Tellern anrichten. Dazu verschiedene Blattsalate reichen.

Marinierte Forelle

Für 4 Portionen

125 ml weißer Aceto balsamico

375 ml trockener Weißwein

1 Karotte

1 Schalotte

1 Petersilienwurzel

1/2 Stangensellerie

4 Wacholderbeeren

1 Tl schwarze Pfefferkörner

2 Lorbeerblätter

2 Dillzweige

Salz

4 küchenfertige mittelgroße Forellen

Pfeffer

100 g Mehl

5 El Olivenöl

Zubereitungszeit: ca.30 Minuten (plus Koch- und Bratzeit und Zeit zum Marinieren)
Pro Portion ca. 380 kcal/1596 kJ
36 g E, 12 g F, 24 g KH

1 Den Essig mit dem Wein in einen Topf geben. Karotte, Schalotte und Petersilienwurzel schälen und in Scheiben bzw. Ringe schneiden. Den Sellerie putzen, waschen und in Scheibchen schneiden. Das Gemüse mit den Gewürzen und Kräutern sowie 1 Tl Salz in den Topf geben. Den Sud etwa 15 Minuten köcheln. Dann abkühlen lassen.

2 Die Forellen waschen, trocken tupfen, innen und außen mit Salz und Pfeffer einreiben und im Mehl wenden. Das Öl in einer Fischbratpfanne erhitzen und die Forellen darin von beiden Seiten ca. 4 Minuten braten.

3 Die Forellen in eine Schale legen und den Würzsud darübergießen. 3 Stunden durchziehen lassen. Die marinierten Forellen mit Gurkensalat und Kartoffeln servieren.

Forelle Müllerin

Für 4 Portionen

4 küchenfertige Forellen
Salz
Pfeffer
3 El Hartweizengrieß
5 El Olivenöl
4 El Butter
100 g Feldsalat
8 Kirschtomaten
1 El Aceto balsamico
2 Zitronen

Zubereitungszeit: ca. 20 Minuten
(plus Bratzeit)
Pro Portion ca. 335 kcal/1407 kJ
33 g E, 16 g F, 11 g KH

1 Die Forellen waschen und trocken tupfen, innen und außen mit Salz und Pfeffer einreiben.

2 Den Grieß auf einer Arbeitsplatte ausstreuen und die Fische darin wenden. Überschüssigen Grieß abschütteln.

3 Das Öl mit der Butter in einer Pfanne erhitzen, bis die Butter zu schäumen beginnt. Die Fische darin nacheinander von jeder Seite etwa 4 Minuten braten, bis die Haut schön knusprig ist.

4 Den Feldsalat verlesen, putzen, waschen und trocken schütteln, die Kirschtomaten waschen und halbieren. Den Salat mit den Tomaten auf Teller geben, mit dem Aceto balsamico beträufeln und mit etwas Salz und Pfeffer bestreuen. Die gebratenen Forellen dazulegen und mit Zitronenschnitzen garnieren.

Lachsfilet
mit Rucolasauce

Für 4 Portionen
500 g Lachsfilet
Salz
Pfeffer
2 El Olivenöl

Für die Rucolasauce

1 Bund Rucola
1 Knoblauchzehe
300 ml Kalbsfond
3 El kalte Butter
Salz
Pfeffer
1 Spritzer Zitronensaft

Zubereitungszeit: ca. 25 Minuten
(plus Brat- und Kochzeit)
Pro Portion ca. 252 kcal/1058 kJ
23 g E, 16 g F, 1 g KH

1 Das Lachsfilet waschen, trocken tupfen, in vier Stücke schneiden und mit Salz und Pfeffer würzen. Das Olivenöl in einer Pfanne erhitzen und die Filets darin nicht ganz durch braten. Warm stellen.

2 Den Rucola putzen, waschen, trocken schütteln, die Stiele entfernen und die Blätter in feine Streifen schneiden. Den Knoblauch schälen und fein hacken. Den Fond in einem Topf stark einkochen, die kalte Butter zugeben und mit dem Schneebesen schaumig rühren. Die Rucolastreifen und den Knoblauch zugeben und mit Salz, Pfeffer sowie etwas Zitronensaft abschmecken.

3 Die Lachsfilets auf Tellern anrichten und mit der Rucolasauce servieren. Dazu selbst gemachte Nudeln reichen.

Gebackener Saibling
auf Fenchel-Melonen-Salat

Für 4 Portionen

4 Saiblinge mit Haut
5 El Olivenöl
Salz
Pfeffer
200 ml Weißwein
1 Tl abgeriebene Schale von
1 unbehandelten Zitrone
1 Fenchelknolle
200 g Honigmelone
1 Prise Zucker

Zubereitungszeit: ca. 25 Minuten
(plus Brat- und Dünstzeit)
Pro Portion ca. 262 kcal/1100 kJ
30 g E, 9 g F, 5 g KH

1 Die Fische waschen und trocken tupfen. 3 El Öl in einer Pfanne erhitzen und die Fische mit der Hautseite nach unten braten. Mit Salz und Pfeffer würzen, wenden und von der anderen Seite braten, bis der Fisch gar ist. Den Wein angießen, die Zitronenschale einrühren und einmal aufkochen.

2 Die Fische aus der Pfanne auf vorgewärmte Teller geben und warm stellen. Den Fenchel putzen, waschen, den harten Strunk entfernen und den Fenchel in dünne Scheiben schneiden. In den Fischsud geben und 5 Minuten darin weich dünsten. Mit einem Schaumlöffel aus der Pfanne heben. Die Melone schälen und das Fruchtfleisch in Kugeln aussstechen. Mit dem Fenchel mischen.

3 Den Fischsud mit dem restlichen Öl verrühren und mit Salz und Zucker abschmecken. Den Fenchel-Melonen-Salat auf Teller geben und die Saiblinge darüberlegen. Mit der Ölmischung übergießen.

Gebratener Wels
auf Kürbis

Für 4 Portionen

2 Schalotten
1 Knoblauchzehe
500 g Kürbisfleisch
2 El Öl
Salz
Pfeffer
Muskat
150 ml Gemüsebrühe
1 El Kürbiskerne
4 küchenfertige Welsfilets
(à ca. 150 g) mit Haut
1 El Zitronensaft
2 El Butterschmalz
25 ml Kürbiskernöl

Zubereitungszeit: ca. 30 Minuten
(plus Schmor- und Bratzeit)
Pro Portion ca. 405 kcal/1701 kJ
25 g E, 31 g F, 7 g KH

1 Die Schalotten und den Knoblauch schälen und hacken. Das Kürbisfleisch schälen, entkernen und in mundgerechte Stücke schneiden.

2 Das Öl in einem Topf erhitzen und die Schalotten mit dem Knoblauch darin glasig schmoren. Die Kürbisstücke hinzufügen und unter Rühren anschmoren. Mit Salz, Pfeffer und Muskat würzen. Die Brühe angießen und den Kürbis etwa 10 Minuten schmoren. Die Kürbiskerne in einer Pfanne ohne Fett rösten und warm stellen.

3 Die Welsfilets waschen, trocken tupfen und den Fisch mit Zitronensaft beträufeln. Die Fleischseite pfeffern und salzen. Das Butterschmalz erhitzen und die Fischfilets zuerst auf der Hautseite braten. Wenn die Haut knusprig ist, die Filets wenden und von der anderen Seite noch etwa 1 Minute braten.

4 Die Welsfilets auf dem Kürbisgemüse mit den Kürbiskernen anrichten. Mit Kürbiskernöl umgießen.

Flusskrebsschwänze
in feiner Sauce

Für 4 Portionen

1 kg gekochte
Flusskrebsschwänze
4 El Butterschmalz
2 Tl edelsüßes Paprikapulver
1 l Fischfond
200 ml trockener Weißwein
1/2 Bund Dill
2 Knoblauchzehen
100 ml Sahne
30 g Butter
100 g saure Sahne
Salz
Worcestersauce

Zubereitungszeit: ca. 30 Minuten
(plus Röst- und Garzeit)
Pro Portion ca. 457 kcal/1919 kJ
49 g E, 24 g F, 6 g KH

1 Das Krebsfleisch aus den Krebsschwänzen lösen und die Schalen mit dem Hammer zerkleinern oder durch den Fleischwolf drehen, das Krebsschwanzfleisch kalt stellen. Das Butterschmalz in einem Topf erhitzen und die Krebsschalen darin rösten. Das Paprikapulver darüberstreuen und den Fischfond mit dem Wein dazugießen.

2 Den Dill waschen, Blättchen von den Stängeln zupfen und fein hacken. Den Knoblauch schälen. Die Dillstängel und den Knoblauch im Sud mitkochen, alles etwa 30 Minuten köcheln. Dann die Flüssigkeit durch ein mit einem Tuch ausgelegtes Sieb gießen. 750 ml Kochfond auffangen und in einem Topf auf ein Drittel einkochen lassen.

3 Die reduzierte Sauce mit der Sahne verfeinern. Die Butter in Flöckchen in die Sauce rühren und anschließend die saure Sahne unterheben. Aufkochen lassen und mit Salz und etwas Worcestersauce abschmecken. Krebsschwänze in die Sauce geben und erhitzen.

4 Das Krebsragout mit der Sauce auf Tellern verteilen, mit Dill bestreuen und mit Gurkensalat servieren. Dazu frisches Brot oder Reis reichen.

Hechtpörkölt
mit roter Sauce

Für 4 Portionen

2 Zwiebeln

800 g rote Paprikaschoten

2 Knoblauchzehen

50 g Butter

1 Tl Kümmelsamen

1 Tl scharfes Paprikapulver

400 ml Fischfond

800 g Hechtfleisch

Salz

Pfeffer

3 El Öl

1/2 Bund frisch gehackte
Petersilie

Zubereitungszeit: ca. 30 Minuten
(plus Schmor-, Gar- und Bratzeit)
Pro Portion ca. 295 kcal/1239 kJ
40 g E, 10 g F, 8 g KH

1 Die Zwiebeln schälen und würfeln. Die Paprikaschoten putzen, waschen, entkernen und das Fruchtfleisch ebenfalls in Würfel schneiden. Den Knoblauch schälen und hacken.

2 Die Butter in einer Pfanne erhitzen. Die Zwiebeln, den Knoblauch sowie die Paprikawürfel darin unter Rühren andünsten. Den Kümmel hinzufügen und das Paprikapulver einstreuen. Den Fischfond angießen und aufkochen lassen. 20 Minuten bei mittlerer Temperatur garen. Dann pürieren.

3 Das Hechtfleisch waschen, trocken tupfen und von den Gräten befreien. Das Fischfleisch in größere Stücke (à etwa 50 g) schneiden und mit Salz und Pfeffer würzen. Das Öl in einem Bräter erhitzen und die Fischstücke darin von beiden Seiten etwa 3 Minuten braten. Anschließend die Sauce über den Fisch gießen und alles weitere 2 Minuten köcheln.

4 Das Hechtpörkölt mit Petersilie bestreuen und servieren. Dazu Nudeln oder Sahne-Kartoffelbrei reichen.

Reinanke
in Pilzsauce

Für 4 Portionen

4 küchenfertige
Reinankenfilets mit Haut
(Renken)

4 El Olivenöl

Salz

Pfeffer

1 Schalotte

250 ml Fischfond

250 ml Weißwein

3 Petersilienstängel

150 g Steinpilzchampignons

75 g Butter

Zubereitungszeit: ca. 30 Minuten
(plus Brat- und Kochzeit)
Pro Portion ca. 495 kcal/2079 kJ
46 g E, 28 g F, 2 g KH

1 Die Fischfilets waschen und trocken tupfen. 3 El Olivenöl in einer Pfanne erhitzen und die Filets darin zuerst auf der Hautseite braten, dann wenden und von der anderen Seite etwa 3 Minuten braten. Die Fleischseite mit Salz und Pfeffer würzen. Die Filets aus der Pfanne nehmen und warm stellen.

2 Die Schalotte schälen und fein hacken. 1 El Olivenöl erhitzen und die Schalotte darin andünsten. Fischfond, Wein und Petersilienstängel zugeben und um ein Drittel einkochen. Die Pilze putzen, feucht abwischen und 10 Minuten in der Sauce garen. Petersilie aus der Sauce nehmen und mit Salz und Pfeffer würzen.

3 Die Butter nach und nach in die Sauce rühren und diese damit binden. Die Fischfilets mit der Pilzsauce und Kartoffelkroketten servieren.

Zander
in Weinsauce

Für 4 Portionen

4 Zanderfilets mit Haut
Salz
Pfeffer
2 El Limettensaft
50 g Mehl
4 El Butterschmalz
2 Schalotten
125 ml Weißwein
1 cl Noilly Prat
200 ml Sahne
1 El frisch gehackte
gemischte Kräuter
(Liebstöckel, Petersilie,
Thymian, Estragon)
3 El Butter

Zubereitungszeit: ca. 20 Minuten
(plus Brat- und Kochzeit)
Pro Portion ca. 530 kcal/2226 kJ
51 g E, 28 g F, 12 g KH

1 Die Fischfilets waschen, trocken tupfen, Gräten entfernen und die Fleischseite mit Salz und Pfeffer würzen. Den Limettensaft darüberträufeln. Die Filets in Mehl wenden. Das Butterschmalz in einer Pfanne schmelzen und die Fischfilets darin zuerst auf der Hautseite, dann auf der Fleischseite etwa 3 Minuten braten. Aus der Pfanne nehmen und warm stellen.

2 Die Schalotten schälen und fein hacken. In das verbliebene Bratfett geben und unter Rühren andünsten. Wein und Noilly Prat angießen und um die Hälfte einkochen. Dann die Sahne unterrühren. Die Sauce mit Salz, Pfeffer und den Kräutern abschmecken. Die Butter zugeben und mit dem Mixstab cremig rühren.

3 Das Zanderfilet mit der Sauce, Ofenkartoffeln und Gemüsejulienne servieren.

Karpfen
mit Sauerkraut

Für 4 Portionen

1 kg Karpfenfilet

Saft von 1 Zitrone

1 Zwiebel

2 Knoblauchzehen

100 g Butterschmalz

500 g Sauerkraut

1 Tl Kümmelsamen

125 g saure Sahne

Salz

Pfeffer

50 g Mehl

2 Eier

100 g Paniermehl

1 El frisch gehackter
Schnittlauch

Zubereitungszeit: ca. 25 Minuten
(plus Gar- und Bratzeit)
Pro Portion ca. 650 kcal/2730 kJ
56 g E, 32 g F, 32 g KH

1 Das Karpfenfilet waschen, trocken tupfen, in größere Stücke schneiden und mit Zitronensaft beträufeln. Die Zwiebel und die Knoblauchzehen schälen und fein hacken. In 2 El heißem Butterschmalz unter Rühren andünsten. Das Sauerkraut abtropfen lassen und dazugeben. Kümmel, etwas Wasser und die saure Sahne zugeben und mit Salz und Pfeffer abschmecken. Ca. 20 Minuten schmoren.

2 Mehl, verquirlte, gewürzte Eier und Paniermehl auf 3 Tellern verteilen und die Karpfenstücke nacheinander darin wenden. Das restliche Butterschmalz erhitzen und die Fischstücke darin knusprig braten.

3 Die gebratenen Karpfenstücke auf dem Sauerkraut anrichten. Mit Schnittlauch bestreut servieren. Dazu Kartoffelbrei reichen.

Süßspeisen & Gebäck

Topfenknödel
mit Rhabarberpüree

Für 4 bis 6 Portionen

400 g Topfen (Quark)
2 El Butter
4 El Zucker
2 Eier
1 Eigelb
Mark von 1/2 Vanillestange
100 g altbackenes Weißbrot
1 Prise Salz
70 g gemahlene Mandeln

Für das Rhabarberpüree

1 kg Rhabarber
abgeriebene Schale von
1 unbehandelten Zitrone
1 El Zitronensaft
100 g Zucker
1/2 Tl gemahlener Zimt
1 Päckchen Vanillezucker
150 g Erdbeeren zum
Garnieren

Zubereitungszeit: ca. 30 Minuten
(plus Zeit zum Ruhen, Röst- und
Garzeit)
Pro Portion ca. 358 kcal/1503 kJ
15 g E, 23 g F, 20 g KH

1 Den Topfen in ein Mulltuch geben und abtropfen lassen. 1 El Butter mit 3 El Zucker schaumig rühren. Die Eier und das Eigelb hinzufügen und das Vanillemark einrühren. Das Weißbrot entrinden und fein reiben. Den Topfen und die Weißbrotbrösel mit dem Salz zum Eischaum geben und alles zu einer glatten Masse verrühren. 30 Minuten ruhen lassen.

2 Die Mandeln in 1 El Butter rösten und mit 1 El Zucker vermischen. Aus der Topfenmasse kleine Knödel (pflaumengroß) formen und in kochendem Salzwasser etwa 10 Minuten ziehen lassen. Anschließend in den gerösteten Mandeln wenden.

3 Für das Rhabarberpüree den Rhabarber putzen, waschen, entfädeln und in Stücke schneiden. Mit den restlichen Zutaten in einen Topf geben und bei geringer Temperatur unter Rühren garen. Abkühlen lassen und anschließend pürieren.

4 Die Topfenknödel mit dem Rhabarberpüree und Vanilleeis servieren. Mit Erdbeeren garnieren.

Gefüllte Buchteln
mit Pflaumenmarmelade

Für 4 bis 6 Portionen

500 g Mehl
200 ml Milch
28 g Hefe
70 g Zucker
1 Prise Salz
170 g Butter
abgeriebene Schale von
1/2 unbehandelten Zitrone
2 Eier
50 g Pflaumenmarmelade
Mehl für die Arbeitsfläche
Fett für die Form

Zubereitungszeit: ca. 30 Minuten
(plus Zeit zum Gehen und Backen)
Pro Portion ca. 616 kcal/2587 kJ
12 g E, 27 g F, 78 g KH

1 Das Mehl in eine Schüssel sieben, in die Mitte eine Mulde drücken und dahinein 100 ml lauwarme Milch, die zerbröselte Hefe, 2 El Zucker und Salz geben und 15 Minuten abgedeckt an einem warmen Ort gehen lassen. 70 g Butter schmelzen und mit der restlichen Milch, dem restlichen Zucker, der Zitronenschale und den Eiern verrühren, zum Vorteig geben und alles von der Mitte aus mit dem Mehl zu einem festen Hefeteig verkneten. Den Teig abgedeckt 30 Minuten an einem warmen Ort gehen lassen.

2 Den Teig auf einer bemehlten Fläche etwa 2 cm dick ausrollen und in gleichmäßige Quadrate von 6 x 6 cm schneiden. Je 1 Tl Marmelade auf die Teigquadrate geben und zu Kugeln formen.

3 Die restliche Butter zerlassen und die Teigkugeln darin wälzen, dann dicht an dicht in eine gebutterte Auflaufform legen. Mit einem Tuch zudecken und nochmals gehen lassen, bis sich das Volumen der Buchteln verdoppelt hat. Den Backofen auf 200 °C (Umluft 180 °C) vorheizen.

4 Die Buchteln mit der zerlassenen Butter bestreichen und im Ofen etwa 40 Minuten goldbraun backen. Während der Backzeit noch einmal mit Butter bepinseln. Die Buchteln mit Vanillesauce servieren.

Marillenknödel
mit Zimtzucker

Für 4 bis 6 Personen

1 kg Kartoffeln
1 Prise Salz
500 g Mehl
100 g Butter
2 Eier
1 kg Marillen (Aprikosen)
Würfelzucker in der Anzahl
der Aprikosen
200 g Weißbrotbrösel
30 q Zucker
2 El gemahlener Zimt

Zubereitungszeit: ca. 30 Minuten
(plus Kochzeit, Zeit zum Ruhen,
Gar- und Röstzeit)
Pro Portion ca. 670 kcal/2814 kJ
17 g E, 12 g F, 118 g KH

1 Die Kartoffeln in wenig gesalzenem Wasser etwa 20 Minuten kochen. Dann abgießen, noch heiß pellen und durch die Kartoffelpresse drücken. Das Kartoffelpüree mit dem Mehl, Salz, 60 g Butter in Flöckchen und den Eiern zu einem geschmeidigen Teig verarbeiten. Den Teig zu einer dicken Rolle formen, in Folie wickeln und etwa 30 Minuten ruhen lassen.

2 Die Marillen waschen, trocken tupfen und entsteinen. Statt des Steins ein Stück Würfelzucker in die Frucht geben. Vom Teig 1 cm dicke Scheiben abschneiden, eine Marille daraufsetzen und zu einem Knödel formen.

3 In einem Topf reichlich leicht gesalzenes Wasser zum Kochen bringen und die Marillenknödel darin etwa 10 Minuten ziehen lassen. Mit einer Schaumkelle aus dem Topf nehmen und abtropfen lassen. Die Brotbrösel in der restlichen Butter bräunen, mit Zucker und Zimt bestreuen. Die Knödel darin wenden und heiß servieren.

Bozener Zelten
mit Marillenlikör

Für ca. 20 Stück

600 g getrocknete Feigen

300 g Datteln

300 g Marillen

150 g Zwetschgen

600 g Korinthen

400 g Mandeln

200 g Walnüsse

150 g Zitronat

150 g Orangeat

400 ml Marillenlikör

400 ml Glühwein (FP)

100 g Buchweizenmehl

1 El gemahlener Anis

Mandeln und Nüsse zum Verzieren

2 El Honig

Fett für das Blech

Zubereitungszeit: ca. 40 Minuten (plus Zeit zum Durchziehen und Backen)
1 Stück ca. 444 kcal/1864 kJ
7 g E, 17 g F, 55 g KH

1 Die getrockneten Früchte hacken. Die frischen Früchte waschen, entsteinen und würfeln. Die Mandeln und Nüsse fein hacken. In einer Schüssel mit Zitronat, Orangeat, Marillenlikör und Glühwein mischen und mindestens 3 Tage durchziehen lassen.

2 Die Fruchtmischung mit dem Mehl und Anis vermischen und einen geschmeidigen Teig herstellen. Den Backofen auf 180 °C (Umluft 160 °C) vorheizen. Mit dem Löffel Teigstücke abstechen und kleine Küchlein formen. Nach Belieben mit Nüssen und Mandeln verzieren und auf ein gefettetes Backblech legen. Im Ofen etwa 25 Minuten backen.

3 Den Honig mit 250 ml Wasser verrühren und die heißen Zelten damit einstreichen.

Himbeergratin
mit Orangenlikör

Für 4 Portionen

500 g Himbeeren
2 El Puderzucker
2 1/2 El Zitronensaft
2 El Orangenlikör
3 Eigelb
70 g Zucker
2 Tl Speisestärke
etwas abgeriebene Schale
von je 1 unbehandelten
Orange und Zitrone
100 ml Sahne

Zubereitungszeit: ca. 30 Minuten
(plus Zeit zum Durchziehen und
Überbacken)
Pro Portion ca. 265 kcal/1113 kJ
4 g E, 13 g F, 29 g KH

1 Die Himbeeren verlesen, putzen, waschen und abtropfen lassen. 2 El Beeren mit dem Puderzucker und 1/2 El Zitronensaft pürieren. Den Likör mit dem restlichen Zitronensaft unter das Himbeerpüree rühren. Mit den restlichen Beeren mischen und abgedeckt 20 Minuten ziehen lassen.

2 Die Eigelbe mit dem Zucker, der Speisestärke und den Zitrusschalen cremig schlagen. Die Sahne steif schlagen und unterheben. Den Backofen auf 225 °C (Umluft 200 °C) vorheizen.

3 Die Beerenmischung in ofenfeste Schalen geben. Die Ei-Sahne-Mischung darauf verteilen. Im Backofen etwa 7 Minuten goldbraun überbacken. Das Himbeergratin warm servieren. Dazu Vanilleeis reichen.

Schneemilch
mit Grapparosinen

Für 4 Portionen

3 El Walnüsse
3 El Rosinen
1 El Grappa
4 Brötchen vom Vortag
2 El Zucker
1/2 Tl gemahlener Zimt
abgeriebene Schale von
1/2 unbehandelten Zitrone
2 El Honig
2–3 El Milch
250 ml Sahne
Kakaopulver
Minzeblättchen zum
Garnieren

Zubereitungszeit: ca. 20 Minuten
(plus Zeit zum Durchziehen)
Pro Portion ca. 402 kcal/1688 kJ
6 g E, 24 g F, 39 g KH

1 Die Walnüsse in einer Pfanne ohne Fett rösten, dann hacken. Die Rosinen heiß abspülen, abtropfen lassen und im Grappa einweichen. Die Brötchen in kleine Würfel schneiden.

2 Die Nüsse, Grapparosinen und Brötchen mit den restlichen Zutaten außer Milch, Sahne, Kakao und Minze gut vermischen. So viel Milch dazugeben, dass die Mischung feucht, aber nicht wässrig ist.

3 Die Mischung etwa 2 Stunden abgedeckt durchziehen lassen. Die Sahne steif schlagen und über der Mischung verteilen. Mit Kakaopulver bestreuen und mit Minzeblättchen garnieren.

Waldviertler Mohnnudeln

Für 4 Portionen

500 g Kartoffeln
Salz
60 g Butter
1 Ei
150 g Dinkelmehl
200 g gemahlener Mohn
50 g Zucker
1 El Milch
1 El Zucker
Puderzucker zum Bestreuen

Zubereitungszeit: ca. 30 Minuten
(plus Gar- und Backzeit)
Pro Portion ca. 650 kcal/2730 kJ
18 g E, 36 g F, 62 g KH

1 Die Kartoffeln in wenig gesalzenem Wasser etwa 20 Minuten kochen, abgießen und noch heiß schälen. Mit dem Kartoffelstampfer zerkleinern und mit 50 g Butter, Salz, Ei und Mehl zu einem festen Teig verkneten.

2 Aus dem Kartoffelteig daumendicke Rollen formen und etwa fingerlange Stücke abschneiden und zu spätzleförmigen Nudeln drehen. In kochendem Salzwasser etwa 10 Minuten garen, dann abgießen, kalt abspülen, abtropfen lassen. Den Backofen auf 180 °C (Umluft 160 °C) vorheizen.

3 Den Mohn mit dem Zucker und der restlichen Butter in einer Pfanne leicht rösten. Die Milch und die Nudeln in die Pfanne geben und leicht durchschütteln. Den Zucker darüberstreuen. Die Nudeln im Ofen etwa 20 Minuten überbacken. Mit Puderzucker bestreut servieren.

Kaiserschmarrn
mit Rosinen

Für 4 Portionen

4 Eier
125 g Mehl
125 ml Milch
Salz
1 Tl Backpulver
2 El Zucker
100 g Rosinen
4 El Butter
Puderzucker

Zubereitungszeit: ca. 20 Minuten
(plus Ruhe- und Bratzeit)
Pro Portion ca. 342 kcal/1436 kJ
12 g E, 12 g F, 43 g KH

1 Die Eier trennen. Das Eigelb mit Mehl, Milch, Salz, Backpulver und Zucker zu einem glatten Teig verarbeiten und 10 Minuten ruhen lassen. Das Eiweiß zu steifem Schnee schlagen und unter den Teig heben. Zuletzt die gewaschenen Rosinen zugeben.

2 2 El Butter in einer Pfanne schmelzen und den Teig hineingeben. Bei mittlerer Temperatur einen knusprigen Pfannkuchen braten. Anschließend wenden, die restliche Butter zugeben und von der anderen Seite ebenfalls goldbraun braten.

3 Den Pfannkuchen nach dem Braten mit zwei Gabeln in Stücke reißen und nochmals kurz braten. Vor dem Servieren mit Puderzucker bestreuen. Dazu frische Früchte oder Zwetschgenröster servieren.

Powidldatscherln
mit Vanilleeis

Für 4 Portionen

250 g Mehl

2 Eier

1/2 Tl Salz

100 g Powidl (Pflaumenmus)

3 El Butterschmalz

Zucker und Zimt zum Bestreuen

Mehl für die Arbeitsfläche

Zubereitungszeit: ca. 30 Minuten (plus Ruhe-, Koch- und Bratzeit)
Pro Portion ca. 372 kcal/1562 kJ
10 g E, 11 g F, 56 g KH

1 Das Mehl in eine Schüssel sieben und in die Mitte eine Mulde drücken. Die Eier hineinschlagen, das Salz zugeben und alles mit den Händen verkneten. Etwa 2 El Wasser zugeben und einen festen und zähen Teig herstellen. Nach Bedarf noch Mehl zufügen. Teig abdecken und etwa 30 Minuten ruhen lassen.

2 Anschließend den Teig auf einer bemehlten Arbeitsfläche dünn ausrollen und in Quadrate (etwa 8 cm x 8 cm) schneiden. Auf jedes Quadrat 1 Tl Pflaumenmus geben, das Quadrat zusammenklappen, die Ränder gut festdrücken.

3 In einem großen Topf Wasser zum Kochen bringen und die Powidldatscherln darin ziehen lassen. Wenn sie an die Oberfläche steigen, herausnehmen, abschrecken und abtropfen lassen.

4 Das Butterschmalz in einer Pfanne erhitzen und die abgetropften Datscherln darin schwenken. Mit Zucker und Zimt bestreut servieren. Schmecken gut zu Vanilleeis.

Mohnparfait
mit Zimt

Für 4 Portionen

150 g frisch gemahlener Mohn

250 ml Milch

1 Zimtstange

150 g Zucker

1 cl Rum

5 Eigelb

250 ml Sahne

Zubereitungszeit: ca. 15 Minuten
(plus Quell- und Gefrierzeit)
Pro Portion ca. 438 kcal/1839 kJ
10 g E, 30 g F, 30 g KH

1 Den Mohn mit der Milch verrühren und in einem Topf zum Kochen bringen. Die Zimtstange, 50 g Zucker und den Rum unterrühren und die Masse etwa 20 Minuten quellen lassen. Dann die Zimtstange entfernen.

2 Die Eigelbe mit dem restlichen Zucker schaumig rühren. Den Mohn unterrühren und alles abkühlen lassen. Die Sahne steif schlagen und vorsichtig unter die Mohnmasse heben.

3 Das Parfait in einer Eismaschine gefrieren lassen oder in einer Glasschüssel in den Gefrierschrank stellen und einige Stunden fest werden lassen. In den ersten Stunden mehrmals umrühren.

Zwetschgenröster
mit Gewürznelken

Für 4 Portionen

500 g Zwetschgen

100 g Puderzucker

3 Gewürznelken

1/2 Zimtstange

Saft und abgeriebene Schale
von 1 unbehandelten Zitrone

Zubereitungszeit: ca. 20 Minuten
(plus Garzeit)
Pro Portion ca. 118 kcal/495 kJ
1 g E, 1 g F, 25 g KH

1 Die Zwetschgen waschen, halbieren und den Stein entfernen. Die Früchte mit dem Zucker bestreuen und kurz Saft ziehen lassen. Anschließend mit den restlichen Zutaten in einen Topf geben und unter Rühren etwa 20 Minuten garen, bis die Früchte zerkocht sind.

2 Nach dem Garen die Zimtstange entfernen und den Röster zu Kaiserschmarrn oder Mohnparfait servieren.

Salzburger Nockerln

Für 4 Portionen

2 Eier

5 Eiweiß

110 g Zucker

2 Päckchen Vanillezucker

20 g Mehl

10 g Butter

10 g Puderzucker

Zubereitungszeit: ca. 20 Minuten
(plus Backzeit)
Pro Portion ca. 220 kcal/924 kJ
9 g E, 5 g F, 32 g KH

1 Den Backofen auf 200 °C (Umluft 180 °C) vorheizen. Die Eier trennen. Die 7 Eiweiß in eine Schüssel geben und mit dem Handmixer auf höchster Stufe zu steifem Schnee schlagen, dabei den Zucker und Vanillezucker einrieseln lassen.

2 Die Eigelbe verquirlen und das Mehl dazusieben. Die Mischung vorsichtig unter den Eischnee heben.

3 Eine ovale Auflaufform mit der Butter einfetten. Die Eischneemasse mit einem Teigschaber in vier Portionen teilen und diese in die Form setzen. Die Nockerln auf der zweiten Einschubleiste von unten im Ofen etwa 10 Minuten backen, bis die Oberfläche goldbraun ist.

4 Die fertigen Nockerln mit Puderzucker bestreuen und servieren. Sie dürfen nicht zusammenfallen.

Kastanienkoch
mit Vanillesauce

Für 4 Portionen

6 Eier
100 g Butter
250 g Maronenpüree
100 g geriebene Mandeln
20 g Paniermehl
50 g Kuvertüre
80 g Zucker
1 Prise Salz
Fett für die Formen

Für die Vanillesauce

250 ml Sahne
1 Vanilleschote
100 g Zucker
2 Eigelb
2 Eier

Zubereitungszeit: ca. 25 Minuten
(plus Gar- und Kochzeit)
Pro Portion ca. 706 kcal/2965 kJ
15 g E, 48 g F, 54 g KH

1 Die Eier trennen und die Eigelbe mit der Butter schaumig rühren. Das Maronenpüree, die Mandeln und das Paniermehl einrühren. Die Kuvertüre fein reiben und zugeben. Alles glatt rühren.

2 Den Backofen auf 100 °C (Umluft 80 °C) vorheizen. 5 Eiweiß (restliches Eiweiß anderweitig verwenden) mit dem Zucker und dem Salz steif schlagen und unter die Kastanienmasse heben. In 4–6 gefettete Förmchen füllen und im heißen Wasserbad im Ofen etwa 50 Minuten stocken lassen.

3 Für die Sauce die Sahne mit der Vanilleschote aufkochen. Das Mark aus der Schote kratzen und mit dem Zucker in die Sahne rühren. Die Eigelbe und Eier schaumig rühren und unter die heiße Sahne rühren. Nicht mehr kochen!

4 Den Kastanienkoch mit der kalten oder warmen Vanillesauce servieren.

Schokoladentorte
Sacher Art

Für 1 Springform

175 g Schokolade
(70 % Kakaoanteil)
6 Eier
125 g Butter
60 g Puderzucker
1 Prise Salz
Mark von 1 Vanilleschote
125 g Mehl
150 g Marillenkonfitüre
80 g dunkle Kuchenglasur
Fett für die Form

Zubereitungszeit: ca. 40 Minuten
(plus Backzeit)
Pro Stück ca. 325 kcal/1365 kJ
6 g E, 18 g F, 34 g KH

1 30 g Kuvertüre grob zerkleinern und im warmen Wasserbad schmelzen. Die Eier trennen. Den Backofen auf 175 °C (Umluft hier nicht empfehlenswert) vorheizen. Die Butter mit 60 g Puderzucker, Salz und Vanillemark in einer Schüssel schaumig schlagen, dann die Eigelbe und die geschmolzene Kuvertüre unterrühren. Die Eiweiße steif schlagen und auf die Eigelbmasse geben. Nun das Mehl darübersieben und alles zu einem glatten Teig verarbeiten.

2 Eine Springform (19 cm Durchmesser) nur am Boden einfetten. Die Teigmasse hineinfüllen und im Ofen etwa 1 Stunde backen. Auf einem Kuchengitter auskühlen lassen, dann aus der Form nehmen. Den Tortenboden zweimal durchschneiden. Die Konfitüre unter Rühren leicht erwärmen und je 1 El auf den unteren und mittleren Tortenboden streichen. Nun die drei Tortenteile zusammensetzen und den Kuchen rundherum mit der restlichen Konfitüre bestreichen.

3 Die restliche Kuvertüre und die Kuchenglasur schmelzen und die Torte damit einstreichen. Torte vor dem Servieren auskühlen lassen.

Linzer Torte
einfach köstlich

Für 1 Springform

150 g Butter

150 g Puderzucker

250 g Mehl

1 Tl Backpulver

100 g gemahlene Haselnüsse

2 Eier

1 Tl Vanillezucker

1 Tl gemahlener Zimt

1/2 Tl Nelkenpulver

abgeriebene Schale von 1/2 unbehandelten Zitrone

300 g Preiselbeermarmelade

1 Eigelb

100 g Mandelblättchen

Fett für die Form

Zubereitungszeit: ca. 20 Minuten (plus Ruhe- und Backzeit)
Pro Stück ca. 437 kcal/1835 kJ
7 g E, 22 g F, 47 g KH

1 Die Butter und den Zucker miteinander verkneten. Das Mehl mit Backpulver mischen und dazusieben. Nüsse, Eier, Vanillezucker, Zimt, Nelkenpulver sowie Zitronenschale dazugeben und alles zu einem festen Teig verarbeiten. Den Teig in Folie wickeln und 30 Minuten an einem kühlen Ort ruhen lassen.

2 Den Backofen auf 190 °C (Umluft 170 °C) vorheizen. Den Teig in 4 Teile teilen. Drei Viertel des Teiges etwa 1,5 cm dick ausrollen und in eine gefettete Springform (Durchmesser 22 cm) legen. Die Marmelade daraufstreichen. Aus dem restlichen Teig Rollen formen und als Gitter auf die Marmelade auflegen sowie einen Rand formen und anbringen.

3 Die Torte mit dem verquirlten Eigelb bestreichen und am Rand mit Mandelblättchen belegen. Linzer Torte im Ofen etwa 45 Minuten backen.

Rezeptverzeichnis